한 가지 생각

순 도 높 은 결 과 를 끌 어 내 는

한 가 지 생 각

김혜순
지음

RHK
알에이치코리아

나는 한 가지만 보고
한 가지 노력만 하며
한 가지만 이루고 살고 싶다

오늘도, 꽃이 피네

내 고향, 길가에는 꽃이 즐비했다. 그리고 나는 어려서부터 꽃이 그렇게 좋았다. 장미, 작약, 모란처럼 누구나 다 예뻐하는 꽃이 아닌 꽃밭에 오종종하게 피어난 채송화, 봉우리만으로도 우아한 매화, 흩날리기 시작하면 가슴이 먼저 뛰는 벚꽃, 늘 내 마음속 버팀목 같은 감꽃에 더 흔들렸다. 제 이름은 있겠지만 그저 '들꽃'으로 불리는 꽃들 하나하나가 참 좋았다.

"자세히 보아야 예쁘다, 오래 보아야 사랑스럽다."라는 시의 구절처럼, 다른 이들은 대수롭잖게 지나치는 것들 속에서 나는 미의 정수를 발견하곤 했다. 들에 핀 한 송이 꽃, 시골 골목에 드리운 햇살, 나뭇가지에 머물던 바람, 수줍게 여물던 꽃씨 하나조차 마음을 담아 들여다보면 그만의 향기와 아름다움이 보인다. 내 고향 산천(율촌)의 작은 마을을 정신없이 쏘다니던 그 시절, 나를 감싸던 그 자연은 그렇게 내게는 특별했고 아름다웠으며, 그 자체로 나의 삶이 되었다.

율촌 가는 날은 세상에서 가장 평온한 상태가 된다. 산이 두 팔을 벌려 끌어안은 집, 멀리 바다를 품은 집, 그 마루에 앉아 있으면 모든 게 다 괜찮은 것 같고 또 모든 것이 다 좋다는 생각이 차오른다. 이윽고 나서서 산과 바다, 들과 하늘을 둘러보면 이토록 평안한 자연의 품 속에서 자랐다는 것만으로도 더 많은 것을 내려놓게 만든다.

한복을 짓는 일 역시 내게는 자연을 보는 것, 그것을 담으려는 것과 다르지 않다. 더 아름다운 것, 가장 자기다운 것을 찾아가는 것이다. 그리고 진득하니 오래, 자세히 보아야만 터득하게 되는 아름다움의 결정체를 발견하는 일과 다르지 않다. 일도, 사람도, 생을 대할 때도 마찬가지다. 대단한 사명도, 엄청난 명분 같은 것이 내게는 없다. 내가 좋아하는 자연, 그것을 가장 많이 닮은 옷을 제일 아름다운 상태로 누리게 하는 것이 바로 나의 일이다.

나는 어렸을 때부터 옷에 관심이 많았다. 버스를 타고 긴 거리를 갈 때도 잠을 자지 않고 창밖에 지나가는 사람들의 옷을 구경했다. 계절별로 변하는 사람들의 옷을 구경하는 것이 재미있었다. 특히 옷의 색에 관심이 많았다. 자연이 만들어내는 빛과 색의 아름다움에 일찍 눈떴기 때문이리라. 그때부터 내게 옷은 순수한 아름다움의 대상이었다.

그리고 한복 짓는 일을 하면서 나는 옷에 '혼'이 있다고 생각해 왔다. 사람이 입으면 옷이지만, 사람이 떠난 옷은 보자기이거나 흉측한 쓰레기에 불과하다. 그리고 옷에는 그 사람의 취향과 안목, 태도와 마음이 오롯이 드러난다고 믿는다. 값 비싸고 화려한 옷을 입어도 그만큼의 자신감과 오라가 없으면, 사람이 옷을 입은 게 아니라 옷이 사람을 입은 듯 어색하고 안쓰럽게 느껴진다.

지금도 옷에는 그 사람만의 혼이 담겨 있다는 생각 하나로 한 복을 짓고 있다. 그래서 내 가게에서는 한복을 잘 대여해주지 않 는다. 옷을 미리 만들어놓고 팔지도 않는다. 옷은 남과 나를 구분 짓는 한 가지 방법이라고 생각하기 때문이다. 이런 나의 생각과 고집을 버리면 더 큰 명성과 부를 얻을 수 있을 거라고 말하는 이 들도 많다.

하지만 나는 모자라고 부족한 사람이라 여러 가지 생각을 할 줄 모른다. 사람은 자기 깜냥만큼 사는 것이라 믿고 있다. 나는 한 가지만 보고, 한 가지 노력만 하며, 한 가지만 이루고 살고 싶었 다. 여전히 그렇게 살고자 애쓰고 있다. 오늘에 충실하고, 내가 지 금 해야 하는 한 가지를 제대로 해내자는 생각으로 살고 있다.

꽃은 피어야 지고, 또 져야 핀다. 사람도 그렇다는 것은 세상을 조금만 살다 보면 누구나 알게 된다. 누구나 마음 속 꽃씨 하나쯤은 품고 살게 마련이고 언젠가 한 번은 만개한다. 그러면서 꽃처럼 피어나는 사람이 된다. 나는 매일 꽃처럼 피어나는 사람이 되고 싶었다. 그 바람은 지금도 마찬가지다. 아름답고 싶어서 피어나는 꽃이 아니라, 내 안의 꽃씨를 품고 순하고 성실한 노력의 봉우리를 피워내고 싶다. 내 옷이 누구에게 가서 한 송이 목단같이 피어나면 나는 그날 꽃으로 피어난다고 생각한다. 나는 오직 그 한 생각만으로 행복했고 내 바람을 하나씩 하나씩 이루어나가고 있다.

할 말을 찾아봐야 온통 꽃 이야기고, 나눌 이야기를 생각해봐야 옷 만들며 좋았던 게 전부인 한복 짓는 여자가 바로 나, 김혜순이다. 그래도 바늘을 들고 산 세월이 30년이 넘었으니 한번은 내 이야기를 갈무리해도 좋겠다는 생각을 했다. 그저 매일 하는 옷감 정리처럼 말이다.

평생 한 가지에 매달려 한 생각만 하고 산 내 이야기가 어떤 울림을 줄 수 있을까 걱정이 컸다. 다행히 모두 갈무리하고 나니 내가 지은 옷을 손님에게 입혀보기 위해 기다리는 것처럼 설렘이 느껴진다.

2015년, 가을
김혜순

차례

4장 ———

아름답게 나이들기 위해
잊지 말아야 할 것

5장 ——
세상에 단 하나뿐인 인연,
엄마와 나 그리고 딸

에필로그

1장

내가 잘하는
한 가지
한복 짓는 일

한복은 세계인 누가 입어도 아름다운 옷이다.
직선과 곡선의 어우러짐이 만들어내는
고운 선과 자연을 닮은 해사하고 아름다운 색감,
이 조화가 단박에 사람의 시선을 끄는
강렬한 아름다움을 갖고 있기 때문이다.

나의 뮤즈,
황진이 그녀를 만나다

　디자이너들에게는 누구나 '자신만의 뮤즈'가 있다. 내게는 바로 '황진이'다. 만인을 위한 꽃 기녀로 살아온 그녀는 생몰연대조차 정확하지 않은 기구한 운명을 가졌지만, 고결한 성품과 남다른 결기로 자신의 삶을 온전히 가꾸어간 참으로 아름다운 여인이다. 명월(明月)이라는 기명답게 누구도 범접할 수 없는 미를 지닌 황진이는 예술적 재능도 탁월했다. 그녀의 삶과 아름다움은 늘 나를 설레게 했고 한복 짓는 일의 소명을 갖게 해주었다.
　디자이너들이 자신에게 끊임없이 영감을 주는 뮤즈에게 자신의 옷을 입혀주고 싶듯이 나 역시 나의 뮤즈, 황진이에게 옷을 입혀보고 싶다는 생각을 해왔다. 물론 그 바람은 상상 속에서나 가능한 부질없는 것이었다. 하지만 그 상상은 조금씩 현실이 되어갔다.

나는 본격적으로 한복을 배우기 전, 삼촌이자 당대의 한복 스타일리스트 허영 선생의 가게에서 일을 배웠다. 한복에 대한 사랑이 남달랐던 삼촌은 한복을 입히는 마네킹에도 관심을 가졌다. 당시 마네킹들은 모두 서양식 기성복에 맞춰진 마네킹들이었기에 체형과 자세까지 어느 하나 한복과 어울리지 않았다. 굽실굽실한 금발에 왕방울만한 눈으로 허공을 보고 있는 서양인형에는 어떤 한복을 입혀 놓아도 본연의 아름다움이 드러나지 않았다. 제대로 된 맵시를 느낄 수 없었다. 한복 장신구와 한복을 입은 인형을 디자인하고 제작하시던 허영 삼촌은 그것이 못내 못마땅했다. 결국 삼촌은 한복 마네킹을 직접 만드셨고 나의 매장 쇼윈도에 황진이를 앉혀주셨다.

나를 반하게 한 여자, 황진이가 깨닫게 해준 기생의 삶과 옷

나는 매일 내 한복을 입고 우아한 기품을 풍기는 황진이를 바라보며 기생 한복에 더욱 주목하게 되었다. 지금도 기생들의 한복을 못마땅하게 생각하는 사람들이 있지만 당시에는 더 심했다. 그러나 그녀들의 옷에 대해 관심을 가지고 자료를 찾아볼수록 단순한 기녀가 아닌 예인으로서의 기생의 삶과 예술에 더 눈이 갔다. 그녀들은 당대의 문인, 정치인들과 풍류를 즐겼던 예술인이며 요즘으로 치면 패션리더였다. 그 당시 양반가의 규슈들이 기생들의 옷을 따라 입을 정도였다.

기생들의 한복을 보며 가장 감탄한 것은 바로 '착장'이다. 기생들은 어떻게 하면 옷을 예쁘게 입는지 가장 잘 아는 스타일리스트였다. 그녀들의 착장을 보고 같은 한복이라도 입는 방법에 따라 맵시가 달라진다는 것을 깨달았다. 이후 지금도 나는 착장을 매우 중요하게 생각해 대학에서 학생들을 가르칠 때도 그 수업에 가장 중점을 둔다. 드라마에 한복을 협찬할 때는 내가 촬영장까지 찾아가서 배우들이 옷을 입는 것을 봐주는 이유도 바로 그 때문이다.

오래 전부터 나는 기생의 옷을 많은 사람들이 좋아해주길 바랐다. 그러나 인식의 전환은 쉽지 않았다. 처음에는 예쁘다며 맞추었다가도 주위의 시선을 걱정하며 다시 온 손님도 있었다. 그러나 나는 아랑곳하지 않았다. 아름다움에는 자석처럼 이끌리는 힘이 있다고 믿었기 때문이다. 기생의 옷에는 전통과 미감 모두 다 있다. 조이고 부풀리고, 드러내고 감추는 것이 완벽하게 조화를 이뤄낸 한복의 아름다움이 기생의 옷에 다 있다.

좁은 소매를 보고 기품이 없다느니 전통이 아니라느니 하는 의견도 있지만, 그것은 전통복식에 대해 지식이 조금이라도 있다면 달리 얘기할 거라고 나는 확신했다. 전통 복식 자료를 찾아보면 한복 소매는 좁았고 근대로 오면서 배래도 풍성해지고 저고리도 길어진 것을 확인할 수 있다.

나는 기생의 한복으로 한복이 가진 아름다움을 드러내고 싶었다. 내가 아는 것, 보고 느낀 것을 재현하면 가능할 것이라고 믿었다. 외국에 나가서도 기념품 대신 예쁜 옷감을 사와 지치지 않고 기생의 옷을 만들었다. 누가 만들어달라고 한 것도 아니었지만 나는 만들고 싶었다. 새로운 소재와 세련된 디자인의 기녀 옷으로도 한복의 가장 전통적이고도 아름다운 멋을 보여줄 수 있을 것 같았다.

무언가 빠져들면 한 가지 생각만 할 뿐 다른 것에는 마음을 두지 않는 나는 기생 옷에만 몰입했다. 그런 내게 '기생 옷 전시회'를 하라는 반가운 제안이 들어왔다. 2005년, 서울옥션에서 기생의 옷들로 전시를 하자는 것이었다. 그들은 기생이라는 말이 기품 없이 들릴 수 있으니 뉘앙스를 조금 바꿔 '기녀'로 하자고 했다. 나는 기생이라는 말을 고집했다. 세간의 통념을 옷을 통해 깰 수 있다고 자신했기 때문이다.

그동안 차곡차곡 쌓아두었던 기생에 대한 나의 모든 것을 그곳에 펼쳤다. 정말 원 없이 만들었다. 내 마음 속 황진이의 응원과

기생전은 황진이와 기생의 옷에 대한 나만의 관심과 열정을 모두 보여준 후회없는 전시였다.

채근 덕분에 기생전은 대성황을 이뤘다. 아무런 홍보도 없었는데 매일같이 사람들이 넘치게 찾아왔다. 입소문이 나기 시작하면서 방송국과 신문사에서도 찾아와 인터뷰를 해갔다. 뉴스에 보도된 기생전은 생각보다 반응이 뜨거웠고 더없이 감사했다. 그것으로 충분했다. 황진이와 기생의 옷에 대한 나만의 관심과 열정을 모두 보여준 후회없는 전시였다.

누구나 마음속에 품고 있는 '다짐'이라는 것이 있다. 누구에게 보여주고 말하기 위한 것이 아닌 자신만의 생각과 심상이다. 그것에 매일 물을 주고 볕을 주며 정성껏 키우다 보면 한 번쯤은 그

것이 나만의 것이 아닌 많은 사람들에게 보여주고 말해도 되는
것으로 완성되어감을 느끼게 된다. 마음을 준 것이 있다면, 다짐
한 것이 있다면 눈에 보이는 성과가 없다고 쉽게 단념할 일이 아
니다. 진심을 담아 몰두하면 결국엔 세상이 다 알아봐주는 날이
오게 마련이다.

황진이는 그렇게 내게 다가왔다. 황진이는 유일무이한 한국적
아름다움의 전형이었다. 세간의 통념 속 기생이 아니라 빼어난
아름다움과 고고한 성품을 지닌 걸출한 예술가, 황진이. 나는 그
녀를 몹시 흠모해왔다. 한복을 짓기 시작한 때부터 지금까지 내
한복의 모델이자 뮤즈였다. 내가 황진이를 지금 이 세상으로 불
러내는 것은 내게는 운명 같은 일이었다.

내 마음속 뮤즈,
황진이를 세상과 만나게 하다

"네? 드라마 〈황진이〉의 의상 제작을 맡아달라고요?"

"선생님의 기생 한복 전시회 뉴스를 봤습니다. 정말 감동 받았
습니다. 선생님께서 저희 드라마 의상을 담당해주셨으면 좋겠습
니다."

기녀의 옷이 지닌 아름다움을 알리고 싶다는 한 가지 마음으

로 시작한 '기생전'이 진짜 황진이를 내게 오게 할 줄은 꿈에도
몰랐다. 갑작스러운 제안에 많이 놀랐지만 내가 가장 사랑하는
한복 모델인 황진이를 주인공으로 하는 드라마를 통해 기생의 옷
을 많은 사람들에게 알릴 수 있다니 더없이 기뻤다.

예전에도 허영 삼촌과 함께 또는 나 혼자서도 많은 영화와 드
라마의 의상을 제작해왔다. 하지만 황진이는 처음이었다. 한복의
정수를 보여줄 수 있는 절호의 기회라 생각하니 정말 후회없이
잘해내고 싶었다. 그 생각을 하면 잠도 잘 오지 않았다. 그런데 한
가지 마음에 걸리는 게 있었다. 바로 시간이 너무 촉박하다는 점
이었다. 드라마는 10월에 방영될 예정인데 내게 연락이 온 것은
3월이었다. 남은 기간 동안 드라마에 나오는 수많은 한복들을 다
만들기에는 시간이 턱없이 부족했다. 하지만 이런저런 걱정 속에
서도 황진이에 대한 내 열망은 사그러들지 않았다. 가슴이 두근
두근 뛰었다.

나는 일단 기녀 옷, 황진이 옷에 대한 자료들을 더 모으기 시작
했다. 무엇보다 지금도 살아 계신 기생들의 이야기를 듣고 싶었
다. 쉽지 않은 일이라 짐작은 했지만 훨씬 더 힘든 일이었다. 평생
동안 자신이 기생이었다는 사실을 숨기며 살아온 분들을 찾아내
는 일은 정말 어려웠다. 그러다 가까스로 미국에 살고 계신 한 분
과 연락이 닿았다. 연세가 90세에 가까운 그 분은 군산의 곤본(옛
기생학교) 출신이라고 하셨다. 할머니는 당시 군산에서 알아주는

춤꾼이셨다고 한다.

"나는 결혼해 자식을 낳아 출가시킬 때까지 내가 기생이었다는 걸 숨겨왔어. 평생을 날 감추며 살아왔지. 그러나 이젠 다 흘러간 옛 이야기일 뿐이야……."

가늘게 떨리는 목소리로 말을 이어가던 할머니의 이야기에 나의 눈가도 이내 뜨거워졌다. 나는 그렇게 생각하지 마시라고 '지금 이 시대가 생각하는 기생은 최고의 패션리더이며 예술가'라고 진심을 담아 말씀드렸다. 내 얘기에 할머니도 눈시울을 붉히셨다. 우리는 한참 동안 기생에 대한 이야기를 나누었다. 그날의 만남 덕분에 내 머릿속에 비어 있는 황진이와 기생한복에 대한 퍼즐이 메워졌다. 비로소 제대로 된 황진이의 옷을 만들 수 있다는 자신감이 생겼다.

나는 역사적 자료와 인터뷰 등을 통해 공들여 준비한 자료를 〈황진이〉 제작진에게 전달했다. 드라마를 제작하는 데 참고가 될 것 같았기 때문이다. 옷을 만드는 나뿐만 아니라 제작진 모두가 기생을 제대로 이해하고 시작했으면 하는 나의 작은 바람이기도 했다. 제작진도 무척 기뻐했다.

그런데 한복을 만들기 시작하려는 찰나, 무척이나 속상한 연락을 받게 된다. 내가 아닌 다른 사람과 함께 작업을 해야 할 것 같다는 내용이었다. 드라마 제작 지원사가 변경되었는데 그 쪽에서 다른 사람과 하기로 정했다는 것이다. 열심히 자료를 준비하고 옷을 만들 생각에 들떠 있던 내게 그 소식은 큰 실망을 안겨주었다. 하지만 나는 이내 마음을 가다듬었다. 〈황진이〉 드라마 제작에 참여하기로 한 것도 기녀의 옷을 세상에 알리는 데 목적이 있었지 내 이름 석 자를 알리는 게 아니었기 때문이다. 기생전을 통해 기녀 한복이 더 많이 알려졌으니 그거면 됐다고 생각하니 오히려 마음이 편했다. 진심으로 미안함을 전해온 제작진에게 나는 내가 정리한 자료가 드라마에 도움이 되면 좋겠다고 말했다.

나는 안 되는 일을 붙들고 오래 고민하지 않는다. 안 될 일이었다고 생각해버린다. 그러고는 다시 내가 하던 일, 하던 생각으로 돌아와 또 열심히 하루를 사는 게 나답다고 생각하는 사람이니 그것은 상처도 사건도 아니었다.

그렇게 한 달이 지났다. 나는 〈황진이〉에 대한 미련을 버리고 다시 내 일에 집중하기 시작했다. 그런데 황진이 제작진에게서 다시 연락이 온 게 아닌가. 내가 다시 의상을 담당해 줬으면 좋겠다는 것이다. 이유인즉슨 나를 대신해서 드라마 의상을 담당하기로 한 사람의 옷을 막상 받아보니 제작진이 애초에 기대했던 것과는 조금 동떨어진 옷이었다는 것이다. 게다가 기생 한복에 대한 견해도 달라 결국 제작사는 돈이 더 들더라도 나와 함께 드라마를 만들기로 결정했다고 한다.

나는 수락하지 않았다. 그들의 결정이 경솔한 것이었기 때문이다. 그 다음 날, 제작사 회장이 직접 내 가게에 찾아와 한복을 맞

추고 가더니 또 가지러 왔다. 그러더니 며칠 뒤에 부디 한번만 기
생의 한복을 가지고 와 달라고 부탁했다. 배우와 스텝들에게 보
여주고 싶다는 것이다. 제작사에서는 〈황진이〉의 승부수를 한복
에서 찾으려고 한 것 같았다.

황진이를 소재로 한 드라마와 영화는 이미 많았기에 신선함이
떨어진 스토리를 한복이라는 비주얼로 보완하고 싶었던 것이다.
나는 회장의 태도에 진정성을 느꼈고 마음이 흔들렸다. 그들에게
기녀 한복의 아름다움을 제대로 느끼게 해주고 싶었다. 나는 마
음을 고쳐먹었다.

한 가지에
온 마음을 다하면
결국 통한다

　드라마 〈황진이〉의 제작진과 만나는 날이었다. 현장에는 이미 많은 스태프들이 나와서 출연진을 기다리고 있었다. 내가 도착한 지 얼마 지나지 않아 주연배우인 하지원 씨가 모습을 드러냈다. 그때 그녀의 첫인상은 아직도 나의 뇌리에 남아 있을 정도로 강렬했다. 깡마른 어깨에 흑단처럼 긴 머리를 늘어뜨린 그녀는 얼마 전까지 액션영화를 찍은 탓에 얼굴이 새까맣게 타 있었지만 눈빛만큼은 형형했다. 과연 최고의 여배우다웠다.

　주연배우가 등장하자 분주해진 스태프들은 나에게 한복부터 입혀보자고 재촉했다.

"선생님, 우선 옷부터 입혀보시죠."

나는 고개를 저었다.

"아니요, 헤어와 메이크업부터 준비해주세요. 황진이의 전체 스타일링을 완성한 후에 옷을 입히는 게 좋겠어요."

제작진들은 의아해했지만 나는 완강했다. 기생의 매혹적인 자태는 옷만으로 표현되지 않기 때문이다. 옷의 사이즈나 색상이 배우와 잘 맞는지 아닌지를 확인하는 것보다 중요한 게 있다. 하지원이라는 배우가 진짜 황진이가 되어 처음 옷을 입듯 한복을 입는 것이다. 그래야 나를 비롯한 스태프와 배우 자신도 '황진이'에 대한 새로운 영감을 얻을 수 있다. 그런데 당당한 카리스마의 여배우도 한복 앞에서는 망설이는 기색이 역력했다.

"선생님, 저는 한복이 잘 어울리지 않는 것 같아요. 그리고 제가 황진이 역할을 맡게 될 거라는 생각은 단 한 번도 해본 적이 없어요."

"뭐가 걱정이에요? 하지원 씨가 그냥 황진이가 되어버리면 되지."

옷을 입는 내내 자신은 한복이 잘 어울리지 않을 거라고 걱정하는 그녀에게 한복이 어울리지 않는 사람은 없다고 잘라 말했다. 한복을 입은 그녀가 거울 앞에 섰다. 그녀에게서 황진이가 환생한 듯한 고고한 기품이 흘렀다. 황진이 옷의 화려한 꽃문양과 색이 그녀에게 딱 맞아떨어진 것이다. 하지원은 그 강렬한 옷의 존재감과 맞서 자신만의 황진이를 만들어냈다.

"선생님 말씀을 들으니 무겁기만 하던 제 마음이 한결 가벼워졌어요. 황진이가 될 수 있겠어요!"

그녀는 달라진 눈빛으로 옷매무새를 고치며 내게 짐짓 결연한 미소까지 보여줬다. 그 모습을 본 제작진도 책상을 탁 치더니 "끝!"이라며 바로 계약하자고 했다. 드라마가 시작되기도 전이었지만 하지원과의 그 순간은 그녀도, 〈황진이〉도 반드시 성공할 것이라는 믿음을 주기에 충분했다.

열정을 다하되 욕심을 버리면,
기회는 절로 찾아온다

제작진과 계약을 하며 나는 몇 가지 실랑이를 했다. 계약서 내용 때문이었다. 제작진은 비용과 옷의 수량을 정하자고 했지만 나는 계약서에 돈과 관련한 내용도 옷의 수량도 적지 말자고 했다. 내게 중요한 것은 돈이 아니었다. 오랫동안 마음속에 담아두었던 나의 뮤즈 '황진이'를 살려내는 일이 가장 중요했고, 기생이 접대부가 아닌 '예인'이었음을 알리는 게 목적이었기 때문이다. 그래서 옷의 벌수를 계산해서 수지타산을 맞춰보는 일도 하기 싫었다. 나는 입었던 옷 다시 입히기, 돌려 입히기, 바꿔 입히기 같

29

은 일은 하지 않는 사람이니 그런 걱정도 일절 하지 말라고 당부해두었다.

"나는 숫자로 적어놓지 않아도 내가 다 해요. 끝까지 내가 원하는 만큼 할 거예요. 단 하나, 드라마 속 의상에 대해서는 제 의견을 존중해주세요. 나는 매일 그 생각만 하는 사람이에요."

제작진들은 모두 어안이 벙벙한 얼굴로 나를 쳐다보았다. 하지만 이내 최선을 다해 제대로 해보겠다는 나의 의지와 진심을 알아차리고 고개를 끄덕이며 안도의 한숨을 내쉬었다. 나는 정말 〈황진이〉에 모든 걸 바치고 싶었다. 그래야 하는 일이었다.

옷을 짓기 전에 배우만큼이나 대본을 읽고 또 읽었다. 그러나 대본은 언제나 촉박하게 나왔다. 머릿속으로 캐릭터와 장면을 상상하며 어떤 옷이 가장 잘 어울릴지 고민을 거듭했다. 단 한 컷, 잠시 스쳐지나가는 장면조차도 분위기와 향취와 감정을 생각하며 온 신경을 쏟았고 비용과 노력 그 어느 것도 아끼지 않았다.

눈 떠 있는 시간 내내 황진이와 한복에 대해서만 생각했다. 누워 있다가도 영감이 떠오르면 바로 작업실로 달려 나갔다. 신명이 나서 일을 하다 보니 하루가 너무 짧았고, 밤을 새도 전혀 피곤하지 않았다. 물론 어려움도 있었다. 모든 장면 속 한복을 전부 새로 만들어 현장으로 보내는 일은 쉽지 않았다. 하지만 그것은 제작진과의 약속이자 한복디자이너로서 나의 자존심을 지키는 일이었기에 아무리 힘들어도 눈속임 따위는 하고 싶지 않았다.

드라마에 등장한 한복은 수백 벌이었다. 그 한복들을 모두 다르게 표현하는 일도 여간 어려운 일이 아니었다. 비슷한 패턴도 다르게 보이게 할 방법을 찾기 위해 나는 깊은 고민에 빠졌다. 그러다가 풍속도 속에서 해결의 실마리를 찾았다. 늘 보던 풍속도에서 다른 것이 눈에 들어온 것이다. 바로 치마를 입는 착장법이었다. 옛날 한복 치마의 실루엣은 주릿대가 핵심이었다. 주릿대를 어떻게 여미냐에 따라 치마의 느낌이 달라 보인다. 다른 풍속도들도 찾아서 가까이에서 보기도 하고 멀리서 보기도 했다. 그렇게 풍속도에서 얻은 영감으로 드라마가 끝날 때까지 다양한 느낌의 한복들을 만들 수 있었다.

〈황진이〉 작업을 하면서 가장 기억에 남는 장면은 황진이가 상복을 입고 춤을 추는 장면이다. 황진이가 자신 때문에 자살한 스승을 위해 그가 떠난 장소에서 춤을 추는 슬픈 장면이었는데 나는 그 장면을 위해 화려한 상복을 만들어 보냈다. 흰색의 소복을 생각했던 제작진은 깜짝 놀랐다. 그동안 나의 한복을 받을 때마다 감탄을 아끼지 않던 그들이었지만 이번만큼은 의문을 제기하지 않을 수 없었던 것이다.

황진이가 가눌 수 없는 슬픔에 겨워 학춤을 추는 장면을 나는 수없이 그려보았다. 가장 아름다운 모습으로 슬픔을 승화하는 역설의 미학을 보여주고 싶었고, 다행히 제작진도 나의 생각에 수긍해주었다. 하지원은 놀라운 몰입과 연기력으로 눈부시게 화려

가장 아름다운 모습으로 슬픔을 승화하는
역설의 미학을 보여주고 싶었다.

하고 아름다운 장면을 탄생시켰다. 황진이의 옷은 더 이상 내가 만든 옷이 아니라, 황진이가 골라서 조여 입은 온전한 그녀의 옷이 되어가고 있었다. 더할 수 없이 뿌듯했고 그간의 마음고생이 눈 녹듯 사라지는 듯했다.

하지만 벅찬 마음도 잠시, 옷이 생명을 얻어갈수록 작업은 더욱 힘들어졌다. 드라마에 등장하는 수많은 기생들에게도 어느 하나 비슷한 것을 입히고 싶지 않은 나의 욕심은 매회 여러 벌의 옷을 새로 짓게 했다. 말 그대로 전쟁과도 같은 나날이었다. 옷이 화제가 되면 될수록 드라마 속 인물들의 신경전도 대단했다. 캐릭터에 맞게 만들어 보냈는데도 서로 예쁜 옷을 입겠다고 어린 여배우는 물론 중견 배우들까지 다투었다는 소리도 들려왔다. 이후에는 옷마다 캐릭터의 이름을 붙여 보내는 것으로 소동을 막았다.

〈황진이〉를 하면서 나는 다시 한 번 깨달았다. 돈을 벌기 위해, 이름을 내기 위해, 누군가에게 인정받기 위해 일을 해서는 최고가 될 수 없다는 것을 말이다. 설령 큰돈을 벌거나 분에 넘치는 명성과 인기를 얻는다 해도 스스로 만족하지 못한다면, 그것은 절름발이 성공일 뿐이다. 어떤 일이든 내 모든 것을 바치겠다는 생각으로 몰입하면 후회 없는 최고의 결과를 남길 수 있다. 그리고 다음의 일을 도모할 수 있는 자신감과 기회를 얻게 된다. 나의 모든 것을 바쳐서 이뤄내는 성과를, 즉 성공의 경험을 스스로 체득했기 때문이다.

돈이나 명예를 좇으면 다음은 쉽게 오지 않는다. 나는 아직 '다음'을 생각해야 하기에 여전히 나를 온전히 바칠 그 무엇을 찾고 있다.

황진이 신드롬을 넘어
한복에 대한 재조명이 시작되다

드라마가 끝난 후에도 한복에 대한 시청자들의 반응은 뜨거웠고, 매스컴에서도 연일 황진이의 한복에 대해 조명했다. 무엇보다 감사했던 건 많은 사람들이 기녀의 한복에 관심을 가지기 시작했다는 점이다.

나는 매일같이 나를 찾는 사람과 손님으로 정신이 없었다. 특히 어린아이들이 우리 옷을 입겠다고 엄마 손을 잡고 나를 찾아왔을 때가 가장 감동적이었다. 하지만 나는 내 이름 석 자를 알리고 싶은 마음은 추호도 없었다. 다만 기생의 한복에 몰린 관심을 이어가고 싶었고 한복에 대한 생각의 전환에 힘을 보태고 싶었을 뿐이다.

해외에서의 반응도 뜨거웠다. 드라마가 끝나고 일이 있어서 일본에 간 적이 있는데 공항에 '황진이 디자이너의 방문을 환영한다'는 플래카드가 걸려 있는 게 아닌가. 나를 보러 일부러 공항까지 찾아온 일본인들을 보며 무척 놀랐고 한편으로 감격스러웠다. 한번은 도쿄에서 쇼를 하는데 교토에 살고 계신 분이 내 한복이 너무 좋아서 나를 만나기 위해 비행기까지 타고 오셨다. 그분은 황진이 시의 탁본을 가져와 내게 보여주기도 했다. 살면서 이렇게 아름다운 옷은 처음 봤다면서 내 손을 꼭 잡으시는데 내 가슴이 막 떨렸다. 〈황진이〉를 감명 깊게 봤다는 일본인 할아버지는 자신의 비서를 데리고 한국에 있는 내 가게에 찾아와 한복을 맞춰가기도 했다.

이후에도 놀라운 일은 계속 이어졌다. 중국국제영화제 참석을 위해 임권택 감독님과 배우 오정해, 강수연과 함께 중국에 갔을 때의 일이다. 당시 영화제 일정 외에 중국학교에 방문할 일이 있었다. 교실에서 학생들과 질의 응답시간을 가졌는데 내가 누군지도 몰랐던 학생들이 〈황진이〉 속 한복을 이야기해서 깜짝 놀랐다. '그 옷을 만든 사람이 바로 나'라고 말했더니 그야말로 일대 소동이 일어났다. 아이들은 환호성을 지르며 한복을 꼭 한 번 입어보고 싶다고 했다. 내게는 옷의 힘, 한복의 힘을 새삼 느낀 감격스러운 사건이었다.

황진이 신드롬은 단순히 대중의 관심에서 끝나지 않았고, 드라마를 통해 한복에 큰 변화가 일어났다. 고름이 짧아졌고 구조도 달라졌다. 젊은 사람들의 한복에 대한 관심이 늘어나면서 젊은

층을 겨냥한 새로운 스타일의 한복이 등장했다. 무엇보다 가장 큰 변화는 한복이 거추장스러운 의례복이 아닌, 결혼식이나 아이의 돌잔치와 같이 인생에 있어 더없이 기쁘고 특별한 날 입고 싶은 옷으로 거듭났다는 점이다. 그것이 나를 가장 기쁘게 했다.

한복에 대한 인식의 변화를 몸소 느끼며 나는 한복 짓는 사람으로서의 자긍심을 더 단단히 다졌다. 마음과 정성을 온전히 다해 오직 한복의 아름다움을 보여주고 알리는 일에 매달린 지난 시간들이 더없이 소중하게 느껴졌다. 이제 한복은 우리의 옛 것이기에 의무감으로 계승하고 입어야 하는 전통복이 아니라, 고유의 미를 즐기고 멋으로 입는 '옷'이 된 것이다.

할 수 있는 일,
하고 싶은 일,
해야 할 일

"큰일 났습니다. 선생님⋯ 제발 저희 좀 도와주세요."

이른 아침, 한 영화 제작사로부터 걸려온 전화는 다짜고짜 '큰일 났다'는 말로 시작되었다. 어떤 영문인지 전혀 알 길이 없는 나는 그저 어안이 벙벙했다.

"선생님, 왕의 옷이 필요합니다. 광해의 옷이에요. 그런데 열흘 만에 만들어주셔야 합니다."

"아니, 일반 한복도 아니고 왕의 옷을 어떻게 열흘 안에 만드나요? 그건 안 되는 일입니다."

너무 느닷없는 부탁이었거니와 뭐든 제대로 하지 않을 거면 시작도 하지 않는 나에겐 쉽게 결정할 수 없는 어려운 제안이었다. 영화 촬영 중에 왕의 한복을 다시 준비해야 하는 제작진뿐 아니라, 열흘 안에 왕의 옷을 지어야 하는 나에게도 그 일은 대단히 '큰일'이었다.

"그건 어렵겠다."고 말하는 내게 제작사도 '안 된다'며 거듭 도움을 청했다. 한동안 망설이던 나는 왕의 옷이라면 한 번 해보고 싶다는 생각을 했다. 하지만 왕의 옷을 대충 만들 순 없으니 조금 더 시간을 달라고 했다. 시간을 조금만 더 준다면 다른 모든 일을 차치해두고 그 일에 매달려 최대한 빨리 만들도록 노력하겠다고 말했다.

제작사는 옷이 다 완성되는 동안 촬영 일정을 조정하겠다고 했다. 나를 믿고 그렇게라도 옷을 완벽하게 준비해 촬영하겠다는 제작진의 열정에 나는 힘을 보태주고 싶었다. 내가 할 수 있고, 해야만 하는 일 같았다.

옷이 광대도 만들고
왕도 만든다

내가 영화 〈광해〉 속 왕의 옷을 만들어야겠다고 결심한 이유는 옷이 가진 힘이 무엇인지 제대로 보여줄 수 있는 기회라고 생각했기 때문이다. 영화 속 결정적 장면 중 하나는 저잣거리의 만담꾼으로 끼니를 연명하던 천민 '하선'이 하루아침에 조선의 왕으로 분하는 장면이다. 이 장면에서 거지는 옷 한 벌로 왕으로 변신한다.

같은 사람도 왕의 옷을 입으면 왕이 되고, 거지의 옷을 입으면 거지가 되는 것이다. 왕의 옷을 입게 된 거지는 왕의 말투, 걸음걸이, 풍모를 서서히 갖추어나간다.

이렇게 옷은 사람에게 입혀지는 순간 남다른 오라를 발현한다. 나는 사람의 태도와 인성은 옷을 통해 시작된다고 생각한다. 그래서 한복 패션쇼를 할 때 일반인 모델을 무대에 세울 때가 많다. 놀랍게도 그들은 평소 입던 옷을 벗고 한복을 입으면 태도를 바꾸고 눈빛도 변한다. 평생 골프만 치던 골프 선수도 사대부의 옷을 입으면 장중하고 강건한 기품으로 무대 위를 걷는다. 또 쾌활하기 짝이 없는 여의사도 가체를 올리고 예복을 입으면 우아한 눈빛의 음전한 걸음으로 런웨이에 등장한다.

내가 이들에게 따로 한복을 입었을 때의 애티튜드에 대해 알려준 적이 없는데도 그들은 스스로 달라진다. 아이들도 마찬가지다. 개구쟁이 아이들에게 한복을 입히면 정신없이 뛰어다니던 잰보폭이 달라지고 저절로 고요해지면서 천천히 관객들과 눈을 맞추며 걷는다.

나는 옷을 입히는 사람이다. 날마다 새로운 사람에게 옷을 입히다 보니 옷에 따라 사람의 태도가 달라지고, 같은 옷이라도 사람에 따라 그 느낌이 달라진다는 것을 알고 있다. 그래서 나는 옷은 사람의 인성까지 바꾼다고 믿는다.

하고 싶은 일을 '할 수 있게' 하는
단 하나의 방법

나는 옷의 힘, 한복의 힘을 수도 없이 봐왔다. 광해의 옷 역시 그랬다. 곤복 하나에 왕이 되어 섭정을 펼치는 또 다른 광해를 위해 나는 훌륭한 옷을 짓고 싶었다. 그 옷에 광해의 수많은 상념과 번민을 담고 싶었다. 시대의 폭군이자 그 누구보다 드라마틱한 삶을 산 군주의 비운의 삶을 옷으로도 보여주고 싶었다.

촉박한 일정 탓에 나는 거의 매일 밤을 지새우며 왕의 옷을 만드는 데에 내 모든 신경과 역량을 다했다. 영화에 나갈 왕의 옷은 보통의 옷과는 달랐다. 가장 신경이 쓰였던 옷은 왕이 침소에서 입는 침소복이었다. 광해는 다른 왕들과는 사뭇 다른 왕이었다. 그는 강렬한 군주였다. 그래서 보통 옥색이나 흰색으로 만드는 침소복을 새빨간 색으로 만들고, 거기에 금사로 수를 달아 화려함을 더했다. 왕이 덮는 이불도 새로 만들었다. 요즘 영화는 화질이 좋아서 사소한 소품 하나하나의 작은 디테일까지 완벽을 기해서 만들어야 한다고 생각했다. 이불의 작은 문양까지도 수를 놓아 만들었다. 왕비인 한효주의 옷은 파스텔 톤으로 은은하게 구성했다. 제작진은 이제까지 봐왔던 중전의 옷이 아니라 처음에는 의아해했지만 광해를 부각시키기 위해 왕비의 옷은 다르게 표현하고 싶었던 내 의도를 잘 이해해주었다.

영화 속 한복을 다 만들고 보니 거의 한달 가까운 시간이 지나 있었다. 제작사는 처음에는 일정이 더 늦춰지자 초조해했지만 내가 만드는 한복을 보고는 안도하는 듯했다. 시간이 좀 더 걸리더라도 모든 작품을 완성해달라고 했다.

영화는 대성공을 거두었다. 영화의 성공에 내가 만든 한복이 어떤 영향을 미쳤는지에 대해선 따로 생각을 해본 적도 없다. 거기까지 생각할 필요도 느끼지 못한다. 다만 내가 최선을 다해 만든 옷이 나온 영화가 큰 흥행을 이루었다니 기뻤다. 그리고 그것으로 충분했다.

세상에는 할 수 있는 일, 하고 싶은 일, 해야 할 일이 있다. 하고 싶은 일이 할 수 있는 일이라면 가장 좋겠지만 그렇지 않을 때가 더 많다. 또한 해야 할 일이라고 생각하는데 할 수 없는 일이라면 그것을 할 수 있도록 해야 한다. 그것이 하고 싶은 일이라면 더욱 그렇다. 하고 싶은 일을 할 수 있게 하려면 방법은 단 하나뿐이다. 내가 할 수 있는 최선을 다하는 것. 그것 말고는 하고 싶은 일을 할 수 있는 일로 만드는 방법은 없다.

내가 한 생각도
내가 책임져야 한다

한복을 만드는 사람들에게 저고리는 특별한 옷이다. 한복에 있어 가장 기본이 되는 것은 저고리이기 때문이다. 저고리는 각 부분이 구조적으로 의미 있는 옷이고, 그 위에 당의·포·두루마기를 걸친다. 나에게도 저고리는 특별했다. 그래서 한복을 배우기 시작하면서 가장 처음 만든 것이 바로 저고리였다. 삼촌 가게에서 보고 한눈에 반했던 황진이 인형의 저고리를 따라서 만들기 시작했다. 그 저고리가 바로 내가 만든 첫 번째 한복이다.

허영 삼촌 역시 저고리에 관심이 많으셨고, 손수 만든 저고리를 무척 아끼셨다. 삼촌은 예전부터 자신이 만든 옛날 저고리들로 책을 쓰고 싶어 하셨다. 패션 화보집처럼 예쁜 저고리 사진들을 모아놓은 책을 구상하고 계셨던 터라 돌아가시기 몇 년 전부터 자료를 모으고 사진을 찍어두셨다.

당시에 대학에서 한복에 대해 공부하고 있던 나는 삼촌과는 조금 다른 생각을 가지고 있었다. 직접 만든 저고리 사진을 실은 책도 좋지만 저고리 유물들을 복원해서 그 사진들을 담은 책도 가치 있을 거라고 생각했다. 삼촌은 늘 새로운 것을 시도했고 나는 항상 옛 것에서 영감을 얻었다.

생각의 책임,
말의 책임

삼촌이 돌아가신 뒤, 나는 삼촌 말씀과 가르침을 토대로 키워나간 내 생각에 맞는 한복을 만들게 되었다. 그러다 보니 전부터 생각해왔던 저고리 복식사를 정리한 책을 만들고 싶어졌다. 먼저 박물관에 전시된 유물들을 확인하고 자료를 모으는 일부터 시작했다. 그런데 대부분의 박물관에서는 전시된 유물들을 잘 보여주지 않았다. 우리 전통의 저고리를 많은 사람들에게 알리기 위해 시작한 일이었지만 현실은 녹록치 않았다.

이대로는 책을 만들 수 없겠다는 생각을 했다. 돌파구를 찾기 위해 백방으로 노력한 덕분에 다행히 마지막으로 찾은 경기도박물관에서 많은 도움을 받을 수 있었다. 단, 조건을 하나 달았다. 내가 유물을 보고 사진을 찍는 대신 원품과 똑같은 옷을 하나 만들어 달라는 조건이었다. 경기도박물관에서 자료를 얻은 이후 책을 만드는 일에 속도가 붙었다. 유물 공개를 거부한 박물관에서는 유물에 대한 보고서를 전달받아 재현했다.

저고리를 시대별로 구분하고 그것을 하나로 묶는 일은 생각보다 쉽지 않았다. 하지만 힘든 고비 때마다 우리 저고리가 어떻게 변해왔는지 세상에 알리고 싶다는 단 한 가지 생각에만 집중했다. 제대로 된 저고리 책 하나를 만들어 내놓는 것, 그 외에는 일절 다른 생각은 하지 않았다. 결국 책이 나왔다. 나는 저고리 책을 만들어냈다는 것, 최대한 복원에 충실해 재현해냈다는 것에 만족했다. 더 이상 바랄 게 없었다.

그런데 뜻밖의 일들이 이어졌다. 한복을 공부하는 학생부터 우리 문화에 관심을 갖는 외국사절까지 폭넓은 독자들로부터 감사 인사가 끊이지 않았던 것이다. 참으로 기쁘고 행복한 순간이었다. 나의 저고리 사랑은 책을 만드는 것에서 끝나지 않았다. 책을 쓰면서 만들었던 저고리들을 전시하고 싶다는 생각에까지 이르게 되었다. 더 많은 사람들에게 실제로 저고리를 보고 느끼게 해주고 싶었다. 우리 복식사가 고스란히 녹아 있는 전시장에서 사람들이 많은 것을 느끼기를 바랐다.

'저고리 600년 변천사展'을 통해 우리 저고리의 개성과 아름다움을 알릴 수 있었다.

그동안 유물을 재현해서 내가 만들어놓은 시대별 저고리는 100벌이 넘었고, 그 많은 저고리를 전시하려면 넓은 장소가 필요했다. 순간, 역사박물관 개관식 때가 떠올랐다. 전시 장소로 그만큼 좋은 곳도 없겠다는 생각이 들었다. 역사박물관에서 전시하는 것은 결코 쉬운 일이 아니다. 그러나 저고리에 대한 내 열정과 노력에 관계자들도 큰 공감을 해주었다.

드디어 왕의 복식으로 가득 찼던 그곳에 면밀한 고증을 거쳐 내가 손수 만든 100점의 저고리가 시대별로 걸렸다. '저고리 600년 변천사展'은 학계를 뛰어넘는 대단한 반응을 불러왔다. 일반 관객들도 시대별로 조금씩 차이를 지닌 우리 저고리의 개성과 아름다움에 환호를 보내왔다.

한 가지 생각,
순도 높은 결과를 위한 몰입

나의 취미는 한 가지 생각을 붙잡고 끝까지 물고 늘어지는 것이다. 사실 이건 어려운 일이 아니다. 누구나 할 수 있는 가장 쉬운 일일 수도 있다. 자기가 좋아하는 일, 아니면 숙제처럼 해야 하는 일이 있다면 그것만 생각하면 된다. 목표한 일의 순도 높은 결과를 위해 다른 것은 모두 다음으로 미뤄두고 그것만 생각하는 것이다.

나는 가게의 스태프들이 일상처럼 다루던 옷감이나 도구들을 못 찾으면 바로 찾아주곤 한다. 그들이 못 찾는 것을 내가 금세 찾아내는 이유는 나는 그 생각만 하고 있기 때문이다. 다른 생각 하나 없이 한복 짓는 일만 생각하는데 대답하지 못할 말도, 찾지 못할 옷감도 없는 것이다. 신기해하는 스태프들에게 나는 "이것 만 생각하는데 이것도 못하면 쓰겠느냐!"라고 말한다. '정성이 지극하면 바위에서도 풀이 난다'는 옛말이 있다. 하나만 생각하고 그에 정성을 다하면 어지간해서는 다 이루어진다는 뜻이리라.

게다가 그것만 생각하고 그것을 이루고자 애쓰다보면 오히려 그 일로 인한 스트레스가 줄어든다. 나는 그런 경험을 여러 차례 해왔다. 〈황진이〉, 〈광해〉도 다급하게 일이 진행되었기 때문에 몸 과 마음 모두 극도의 스트레스를 받아야 했다. 하지만 일에 몰입 해서 스스로 일을 장악해나가고 있다는 확신이 들자 걱정은 사라 지기 시작했다. 하루에 몇 시간도 채 못 자는 나날이 이어지고 몸 이 녹초가 되어도 하나도 힘들지 않았다. 제작진이 나를 채근하 는 것도 아닌데 나 스스로 더 잘 해내고 싶다는 동기가 강해져 더 신명나게 더 열심히 해냈던 것 같다. 나의 이런 모습을 늘 지켜보 던 기자 한 분이 그게 바로 '몰입의 힘'이라는 말씀을 해주셨다.

내게 몰입은 한 가지 생각을 붙잡는 것에서 시작된다. 내가 추 구하는 가장 본질적인 목표에만 매달리다 보면 무아지경에 이르는 상태가 된다. 그러면 주변을 둘러싼 어슴푸레한 장막이 걷히고 또렷하고 분명한 길이 보인다. 불필요한 욕심이 끼어들 틈이 없으며, 번잡한 잡념이 사라진다. 이런 상태가 되면 안 될 일이 없는 것이다.

한복의 기본이자 생명은 저고리라는 생각에 매달리다 보니, 사람들이 한눈에 그 특징을 알 수 있도록 저고리를 지어 사진으로 남기고 싶어졌다. 책이 나오니 전시회를 통해 직접 보고 우리 옷을 생각할 수 있는 시간을 주고 싶었다. 그것은 내가 스스로에게 내준 숙제였기에, 더 더 열심히 할 수 있었다.

결과만큼이나 가치 있는 것은 내가 낸 숙제를 잘 해냈다는 내 안의 성취감을 경험했다는 사실이다. 한 생각만 붙들고 나를 끝까지 밀어붙인 결과였다. 그것은 한복에 관한 또 다른 기회와 목표를 갖게 해주었다.

'오늘만 열심히 살자'는
마음으로
딱 1년만 살아보자

　내 인생에서 가장 기억에 남는 쇼는 바로 뉴욕 메트로폴리탄에서 열렸던 '조선의 왕, 뉴욕에 가다'이다. 그날처럼 웅장하고 화려하고 감격스러운 쇼는 앞으로는 어디서도 다시 열기 어려울 것이다.

　이 쇼는 나의 책《왕의 복식》에서부터 시작되었다. 그 책은 세계 많은 나라의 박물관과 대사관, 문화원에 꽂혀 있는데 메트로폴리탄 뮤지엄도 그중 한 곳이다. 그곳에서 일하는 미국인 스태프가 우연히 내 책을 보고 한국 문화의 아름다움에 감탄을 거듭하자 동료들까지 이 책을 보게 되었단다. 그들 역시 우리 문화의

창대한 우수성에 다시 한 번 눈을 뜨게 되었고, 이 사실을 안 한국인 큐레이터는 미국 사람들도 우리 옷의 아름다움을 알아봐준다는 것에 감동받았다. 급기야 그녀는 이번 기회에 메트로폴리탄 뮤지엄에서 《왕의 복식》과 관련된 패션쇼를 열어보는 것이 어떻겠느냐는 기획안을 내게 된 것이다.

뮤지엄 측에서도 그 기획을 승인하자 한국인 큐레이터는 급히 내게 연락을 해왔다. 미국사람들에게 한국 왕이 입은 옷의 아름다움을 알리고 싶다는 그녀의 말은 내 마음을 움직였다. 쇼에 대해 설명하는 그녀의 목소리는 너무 신이 나 있어 나도 덩달아 신이 났다.

나는 이왕 하는 김에 보다 더 많은 사람들이 쇼를 볼 수 있도록 규모를 키우자는 데 동의하고 국가에 지원을 요청했다. 당연히 국가에서도 좋은 취지라며 지원을 약속했다. 나는 큐레이터가 부탁한 것 이상으로 열심히 쇼를 준비했다. 최대한 아름답게, 최대한 기품 있게, 그리고 화려하게 쇼를 열고 싶었다. 이 쇼를 통해 한국, 한국의 한복, 왕의 옷에 대한 관심이 더 커졌으면 하는 간절한 소망을 담아서.

뉴욕을 홀린
한국 옷의 아름다움

만반의 준비를 마치고 뉴욕에 도착했다. 뉴욕 시내에 휘날리는 '조선의 왕, 뉴욕에 가다' 전시회 깃발을 보니 가슴이 뛰었다. 우리 문화가 얼마나 아름답고 우수한지 본때를 보여주겠다는 다짐으로 주먹을 꼭 쥐었다. 그런데 설레는 감정도 잠시였다.

우리는 쇼가 열릴 현장을 보고 깜짝 놀랐다. 패션쇼를 위한 공간이 아닌 뮤지엄이기 때문에 쇼에 적합한 환경이 아닐 거라고 짐작은 했지만 막상 내 눈으로 확인해보니 너무나 열악했다. 분장실에서 스테이지까지 가려면 화물용 엘리베이터를 타야 했고, 길도 복잡해서 찾아가기도 힘들었다. 순간, 머릿속이 하얘지고 숨이 턱턱 막혀 왔다. 하지만 이내 마음을 가다듬었다. 아무리 상황이 나빠도 준비한 모든 것을 제대로 보여주고 말겠다는 내 의지만큼은 꺾이지 않았다. 여기까지 와서 '선무당 마당 기울었다 한다'는 소리는 절대 듣고 싶지는 않았다. 내가 할 수 있는 한 최선을 다해 후회 없는 쇼를 보여주겠다고 다짐했다.

드디어 쇼의 막이 올랐다. '이게 바로 진정한 한국의 미'라는 것을 증명이라도 하듯 쇼는 웅장하게 시작되었다. 왕의 역할을 맡은 배우 박상원 씨와 왕비 역할을 맡은 채시라 씨가 무대 위에 올랐다. 역시나 기대 이상으로 기품과 위엄이 가득한 무대를 보

반기문 유엔사무총장님은 먼저 다가와 진심 어린 감사 인사를 전해주었다.

여주었다. 오래 전 드라마 〈여명의 눈동자〉에서 두 사람의 옷을 만들어준 적이 있기 때문에 그들의 부드러운 카리스마와 품격을 익히 잘 알고 있었다. 그들은 이 무대에서도 여지없이 최고의 모습으로 '왕과 왕비'로 분했고, 이어서 진찬례가 시작되었다. 메트로폴리탄 뮤지엄은 더없이 아름답고 화려한 한국의 궁중 의상이 선사하는 감동에 빠져들었다.

쇼가 다 끝나자 열화와 같은 박수가 터져 나왔다. 기립박수를 치며 아낌없이 찬사를 보내는 관객들 앞에서 나는 벅차오르는 기쁨을 가눌 수 없었다. 특히 메트로폴리탄 관계자들은 여기서 이렇게 멋진 쇼를 보게 될 거라고는 상상도 하지 못했다며 감탄을 이어갔다. 우리가 준비한 쇼는 해외 컬렉션과 맞먹는 규모와 화려함을 자랑했으니 그들의 놀라움은 당연한 일이다.

그날 쇼에는 세계적인 디자이너와 유력 정치인들도 찾아와주었다. 특히 반기문 유엔사무총장님의 방문은 남다른 감동을 주었다. 총장님을 모시기 위해 쇼를 준비할 때부터 각별한 준비를 했기에 그 감회는 남달랐다.

"김 선생, 이렇게 먼 곳에서 우리 문화를 알리기 위해 노력하는 모습이 참 감동적이었습니다. 멋진 쇼를 보여줘서 고맙습니다."

나에게 먼저 다가와 진심 어린 감사 인사를 전해주신 총장님의 모습에 나 역시 큰 감동을 받았다.

오늘만 잘 살면, 더 나은 내일이 절로 따라온다

그 쇼는 나에게 잊을 수 없는 순간이자, 또 다른 기회를 안겨주었다. 당시 파리에서 규장각 의궤와 관련한 쇼를 열 준비를 하고 있던 국가브랜드 위원회의 이배용 위원장님이 마침 뉴욕에서 비슷한 쇼가 열린다는 소식을 듣고 직접 찾아오셨다. 쇼를 보는 내내 자신이 상상 속에서 그리던 모습이 무대 위에서 현실화된 것 같아 놀라움을 감출 수 없었다면서, 오늘과 같은 쇼를 파리에서 다시 해보지 않겠느냐고 제안했다. 쇼의 감동이 채 끝나기 전에 나는 또 다른 목표와 새로운 도전에 가슴이 뛰었다.

삶은 정말 많은 것을 감춰두고 있다. 탄탄대로일 것 같지만 움푹 파인 곳도 있고 불룩 솟은 곳도 있다. 잠깐 방향을 바꾸면 될 것 같았는데 모퉁이에 움직일 수 없는 커다란 바위가 숨겨져 있기도 하다. 그런가 하면 정말 험난할 것 같아 신발끈을 바짝 조여매고 나섰는데, 의외로 수월한 길이 펼쳐지기도 한다. 어쩌면 이처럼 예측불허에다 의외성이 있기에 우리 삶이 더 신비로운지도 모를 일이다.

오늘을 잘 살면 된다는 얘기를 하고 싶을 때 나는 《왕의 복식》 책에서 메트로폴리탄 쇼로 이어진 기회를 예로 들곤 한다. 그런데 얘기가 길어질 것 같으면 그저 "맛있는 것 있으면 오늘 다 먹어. 내일은 또 내일 맛있는 게 있겠지." 하고 만다. 우리네 삶이란 게 지금이라는 순간들이 모이고 켜켜이 쌓여 생을 이루지 않는가. 그러니 매순간에 최선을 다하고, 오늘을 열심히 살면 된다. 땀방울을 쏟아부은 오늘은 가슴 뻐근하도록 좋은 내일을 끌어당긴다.

내 목표가 메트로폴리탄 같은 세계적인 공간에서 쇼를 하겠다는 것이었다면 이렇게 빨리, 그리고 이렇게 훌륭하게 이뤄지지는 않았을 것이다. 그저 우리 옷의 아름다움을 알리고 싶다는 일념으로 왕의 옷을 지었고, 그것을 기록으로 남겨야겠다는 생각이 책을 펴내게 했다. 그리고 그 책이 알려지다 보니 이렇게 뉴욕에서 쇼를 열게 된 것이다. 그야말로 상황이 모든 것을 만들고 나는 겨우 한 가지, 내 한복으로 쇼를 하고 온 것뿐이다.

그저 우리 왕의 복식을 알리고 한복을 알리고 싶다는 일념 하나로 오늘은 한복을 만들고 또 다른 오늘은 책을 썼다. 그러다 보니 또 다른 오늘, 이렇게 뉴욕의 한복판에서 한국의 문화 저력을 보여주고 가슴 뜨거운 갈채를 받는 날을 맞이한 것이었다. 너무 먼 미래와 거창한 목표에 집착하느라, 정말 중요한 오늘을 희생하지 말자.

간절히 원하면
성취의 시간은
더 빨리 다가온다

뉴욕 쇼에 이은 '조선의 왕비, 파리에 가다' 쇼는 생각처럼 일사천리로 진행되지는 않았다. 파리 쇼를 준비하던 관계자는 뉴욕의 쇼가 메트로폴리탄 뮤지엄에서 열린 만큼, 파리에서는 루브르 뮤지엄에서 열자는 의견을 제시했다. 그러나 루브르는 한복에 대해서 별 관심을 보이지 않았다.

이후 한 달간의 준비를 마치고 11월, 파리의 인터내셔널 호텔에서 먼저 쇼를 했다. 이번에는 미스코리아 이하늬가 왕비 역할을 맡았다. 한국의 관료들도 많이 참석했는데 그분들도 루브르에서 쇼를 하지 못한 것을 많이 안타까워했다. 파리의 쇼도 메트로폴리탄 뮤지엄 못지않게 성황리에 마쳤다. 하지만 루브르에 대한 미련을 떨칠 수가 없었다. 우리의 한복을 전 세계에 선보이기 위해 루브르는 최적의 공간이었기에 더욱 간절했다. 이후 파리를 찾을 때마다 루브르에서 쇼를 하지 못한 것이 생각났다.

간절히 원하면 이루어진다고 했든가. 어느 날, 파리의 패션지 〈마리끌레르〉에서 연락이 왔다. 자신들이 주최하는 웨딩박람회가 루브르에서 열리는데 그 주제가 '동양의 혼례'라는 것이다. 일본, 중국, 한국의 혼례를 보여주는 쇼를 기획 중이니 한국의 대표를 맡아서 쇼를 준비해달라고 부탁했다. 마치 누가 알려준 것처럼 파리의 루브르가 한국의 한복을 위해 문을 열어준 것 같았다. 꿈에 그리던 루브르에서 쇼를 할 수 있게 되었다는 생각에 들떴지만, 한편으로는 한중일 세 나라의 전통 혼례복을 모두 선보이는 쇼라는 점이 마음에 걸렸다.

쇼 제안을 받던 순간의 흥분이 가라앉자, 그 제안이 한복의 아름다움을 세계에 알리고 싶다는 내 바람과는 그 취지가 다르다는 생각이 들었다. 나는 제안을 거절했다. 일말의 아쉬움도 없었다. 그들은 내가 거절할 것이라고는 생각지도 못했던지 당황하는 기색이 역력했다. 나는 한복이 아시아를 대표하는 옷으로 쇼에 서지 않으면 함께 하지 않겠다고 못 박았다. 그러면서 이번에는 중국, 일본의 옷으로 하고 다음에 단독으로 한복 쇼를 열면 생각해보겠다고 했다. 나의 거절에도 불구하고 그들은 나와 꼭 쇼를 하

고 싶다며 몇 번이나 이메일을 보내왔다. 하지만 내 마음은 미동
도 없이 고요했다. 아집 같았지만 그러고 싶었다.

우리 것에 대한 자부심으로
루브르의 빗장을 열다

　〈마리끌레르〉의 제안은 그 후 3개월 동안이나 지속되었다. 그
러나 나는 이상하리만치 더욱더 단호해졌다. 나의 거절이 거듭되
자 〈마리끌레르〉의 한 임원이 나에 관한 자료와 한복 사진들을
살펴보게 되었다. 어느 날 그가 직접 연락을 해와 이렇게 말했다.
"처음에는 동양의 작은 나라에서 온 디자이너가 지나치게 자존심
을 세운다고 생각했어요. 그런데 당신에 대한 자료, 그리고 쇼와
관련한 사진을 살펴보고 나니 생각이 달라지더군요. 중국과 일본
의 쇼는 다음으로 미룹시다. 한복의 나라 한국이 이번 쇼에 주인
공이 돼주세요."
　그렇게 나는 한국의 의상만 무대에 오르는 '한국의 혼례전'을
맡게 되었다. 우리 옷에 대한 자부심이 너무 커서 동양의 한 나라
로만 소개되는 게 마땅치 않아 부린 나의 고집이 멋진 기회로 돌
아온 것이다. 무엇보다 나는 자신이 있었다. 한복은 동양의 전통
복 중 하나가 아닌, 특별하고 독보적인 아름다움을 지닌 옷으로

'조선의 왕비, 파리에 가다' 쇼는 패션의 종주국 프랑스인들마저 한복에 반하게 만들었다.

대접받는 게 옳다고 생각했기 때문이다. 우리 옷의 가치를 인정해준 주최 측에 감사한 마음을 담아 열심히 준비했다.

그러나 역시 쇼를 준비하는 과정은 만만치 않았다. 내가 〈마리끌레르〉에 포트폴리오를 보내자 그쪽에서는 내가 보내준 것이 드레스가 아니라며 새로운 포트폴리오를 보내달라고 했다. 그들에게 한복은 너무 낯설고 어려운 옷이었다. 나는 그것이 한국의 왕들이 입었던 혼례복이라고 말하고 자세한 설명을 해주었다. 나의 설명을 들은 그들은 다시 포트폴리오를 검토해보더니 그제서야 자신들이 대단한 옷을 몰라봤다며 포트폴리오대로 옷을 보내달라고 부탁했다

또 한 가지 문제가 있었다. 쇼에 동원될 옷이 많았기 때문에 비행기가 아닌 선박을 통해 보내야 했는데 나는 조금 불안했다. 왕의 옷은 원단도 원단이지만 옷에 들어가는 장신구들의 값만 해도 수억 원이었다. 내가 염려하는 것에 대해 전해들은 그들은 장신구는 빼고 옷만 보내달라고 했다. 나는 장신구를 제외한 옷들을 미리 선박으로 파리에 보냈다.

그런데 내 옷을 미리 받아본 관계자들은 걱정을 표해왔다. 그들 눈에 한복은 옷이라기보다는 스카프, 보자기 같아 보인 것이다. 이렇게 펄럭대는 옷으로 쇼를 할 수 있겠느냐며 우리 옷을 약간 무시하는 듯한 발언도 서슴지 않았다. 나는 그런 말을 듣고도 눈 하나 깜짝하지 않았다. 막상 쇼가 시작되면 그런 생각은 단박

에 바꿀 자신이 있었다.

문제는 그것으로 끝나지 않았다. 쇼에 들어가는 막대한 비용도 큰 걱정이었다. 지난 뉴욕 행사는 국가에서 지원을 받았지만 이번에는 달랐다. 때마침 예전에 컬래버레이션을 했던 화장품 브랜드 '후'에서 지원을 해주겠다며 나섰다. 나라를 알리는 일에 도움이 될 수 있어 영광이라며 행사의 모든 비용을 기쁘게 맡아주었다. 나는 그들의 도움에 보답하고자 '후' 디자인에 사용했던 그림을 쇼 의상에 페인팅했다. 왕후의 형상을 한 패키지 디자인으로 합을 맞추었던 '후'는 패션의 수도 파리에서도 완벽한 조화를 이루었다.

드디어 루브르박물관에 당도했다. 역시 패션의 종주국답게 관계자들은 우리를 무시하는 듯한 태도를 보였다. 나는 이미 예상했던 일이라 크게 놀라지 않았지만 나를 따라 먼 파리까지 함께 와준 스태프들에게는 미안했다. 쇼 준비를 마치고 리허설을 할 때 나는 일부러 한복을 모두 꺼내서 현지 모델들에게 입혔다. 원래 다른 쇼에서는 한복이 구겨질까봐 리허설할 때는 입히지 않는다는 원칙을 두고 있다. 그런데도 한복을 입힌 이유는 본 쇼가 시작되기 전에 그들의 오만한 태도를 바꿔놓고 싶었기 때문이었다.

한국에서 데려온 전문 무용수들도 무대에 세웠다. 현지 관계자들은 패션쇼에서 무슨 춤이냐고 강하게 반대했다. 나 역시 고집을 굽히지 않았다. 안 된다고 하기 전에, 일단 한번 보고 판단하라고 했다. 나는 쇼와 관련된 모든 것을 어느 누구에게도 맡기지 않고 직접 선택하고 진행했다. 음악도 마찬가지였다. 내가 고른 음악은 드라마 〈황진이〉의 테마곡이었다. 그간 해외에서 쇼를 할 때 그 곡이 늘 반응이 좋았다. 이번에도 다르지 않을 것이라고 예상했다.

아름다움은
언제 어디서나 통한다

"놀라워요, 직접 보고 있는데도 믿기지 않을 정도로 아름다워요."

리허설이 시작되자 〈마리끌레르〉 총 책임자는 극찬을 아끼지 않았다. 현지 관계자들의 표정도 급격하게 달라졌고 당황하는 기색까지 보였다.

그런데 총 책임자는 단 한 가지, 쇼의 중심이 되는 왕과 왕비 역할이 한국모델이라는 것이 마음에 걸린다고 말했다. 자신들이 대기시켜놓은 모델들은 파리의 톱클래스 모델들이니, 그들에게 왕과 왕비의 옷을 입히는 게 좋지 않겠느냐며 나를 설득하기 시작했다. 하지만 나는 왕과 왕비의 옷만큼은 한국 사람이 입어야 한다는 생각을 바꾸지 않았다. 결국 그녀는 내 말을 믿어보겠다며 한발 물러섰다. 그러고는 쇼의 모든 것을 나에게 전부 맡기겠다고 했다.

잠시 뒤 그녀는 나에게 피날레 쇼를 제안했다. 디자이너들에게는 무척이나 영광스러운 프러포즈였다. 그러나 나는 오프닝 쇼를 부탁한다고 대답했다. 그들은 처음에 일본, 중국과 함께 하는 쇼라면 파리로 가지 않겠다고 답했을 때보다 더 놀라는 것 같았다. 피날레를 마다하는 디자이너를 본 적이 없다는 것이다. 그러나 나에게는 다른 생각이 있었다. 현장에서 다른 쇼를 준비하는 것을 보니 모두 화이트톤의 드레스들이었다. 반면 내가 준비한 한복은 컬러의 향연이라고 할 수 있을 정도로 색이 다양하고 화려했다. 한복을 먼저 보는 것이 우리가 주인공이 되는 것에 더 도움이 될 것이라는 복안이 있었던 것이다. 내 예상은 그대로 들어맞았다. 루브르 쇼는 피날레보다 오프닝 쇼가 더 기억에 남는 특별한 행사가 되었다.

언론과 관객 모두 한복의 아름다움, 왕의 혼례복이 지닌 우아하고 화려하고도 장중한 매력에 흠뻑 빠져들었다. 내가 고른 음악을 못마땅하게 여기던 음향담당자도 쇼가 끝나기가 무섭게 나에게 달려와 쇼에 사용한 음악을 어떻게 하면 다른 쇼에도 사용할 수 있는지 물었다.

아름다움은 국경도 넘고 이념과 인종의 벽 따위도 가뿐하게 뛰어넘는다. 아름다움의 정수는 누구에게나 보이고, 마음을 흔

드는 커다란 반향을 불러일으킨다. 우리의 옷이 그랬다. 한복의
과학적인 구조와 유려한 아름다움은 뉴욕과 파리를 모두 감동시
켰다.

간절하게 바라면 언젠가는 이뤄진다는 것을 이 쇼들로 확신하
게 되었다. 가장 본질적인 것에 매달리고, 다른 계산이나 잡음이
끼어들지 않은 깨끗하고 순수한 열정은 반드시 메아리를 들려준
다. 성실하게 정진하면 반드시 이루어진다. 성취의 시간이 가까
이에 있는가 멀리 있는가의 차이가 있을 뿐이다.

최악의 상황에서
나를 위로하는 건
변명이 아닌 최선이다

"네? 아프리카 어디라고요? 세이셸이요?"

지상 낙원이라고 불리는 섬, 아프리카의 세이셸. 내가 그곳에서 패션쇼를 열게 될지는 꿈에도 몰랐다. 해외 유명 여행전문지들로부터 죽기 전에 반드시 가봐야 할 여행지로 꼽히는 휴양지인 세이셸은 전 세계의 셀러브리티, 유럽과 미주 사람들이 찾는 섬이라고 했다.

그곳에도 한국문화를 알리고자 하는 사람이 있었다. 바로 세이셸의 총영사였다. 그는 내게 세이셸의 대표적 문화축제인 '크레올 문화페스티벌'에서 한복 패션쇼를 열어 한국의 아름다움을 알리고 싶다는 부탁을 해왔다. 그의 제안은 감사했지만 전 스태프를 데리고 머나먼 아프리카까지 가서 쇼를 여는 것은 내게도 큰 부담이었다. 특히 시간과 노력이 많이 필요한 일이었다.

그러나 한국의 문화를 알리고 싶다는 총영사의 마음을 모른 척할 수는 없었다. 결국 내가 할 수 있는 한 최선을 다해서 그를 도와 한국을 알리기로 마음먹었다. 아랍을 경유해서 장거리 비행을 마치고 도착해보니 과연 세이셸이 왜 지상의 낙원으로 손꼽히는지 알 것만 같았다.

아프리카에서의 쇼가
내게 가르쳐준 것들

쇼는 세이셸의 최고급 리조트에서 열릴 예정이었다. 특별히 아름답게 꾸며진 야외무대가 한복을 입은 모델들을 기다리고 있었다. 케냐와 세이셸의 정부 주요 인사들도 대거 참석했다. 그때까지만 해도 멋진 쇼가 펼쳐질 것 같았다. 그러나 뜻밖의 상황이 벌어졌다. 정말 거짓말처럼 엄청난 폭우가 쏟아졌다. 사람들은 너무나 당황한 나머지 어찌해야 할 바를 모른 채 우왕좌왕했다.

나는 급히 호텔 안에서 쇼를 하겠다고 했다. 가능한 빨리 쇼를 할 만한 동선이 나오는 장소를 찾아달라고 했다. 리조트 로비의 공간이 쇼의 장소로 지목되었다. 관계자들은 급하게 장비를 옮겨 로비를 패션쇼 무대로 만들었다. 하지만 관객이 모두 앉을 수도 없는 열악한 환경이었다.

쇼가 시작되고 배경음악에 맞춰 한복을 입은 모델들이 걸어 나오자 로비의 분위기가 후끈 달아올랐다. 기존의 쇼보다 한복을 훨씬 가까이서 볼 수 있었기 때문에 모델과 관객들 모두 흥분될 수밖에 없었다. 춤꾼들이 노래에 맞춰 춤을 추자 쇼의 분위기는 한껏 고조되었다. 급조된 무대에서 시작된 쇼였지만 관객들은 모두 최고의 쇼였다고 칭찬을 아끼지 않았다. 장관들도 기립박수를 치며 좋아했다. 쇼가 끝나자 관객들은 모델들과 사진을 찍기 위해 길게 줄을 섰다.

다음 날, 리조트가 시끌벅적했다. 어제의 쇼 이야기를 전해들은 세이셸 방송국과 인근 국가들의 매거진에서도 호텔로 나를 찾아와 인터뷰 요청을 해왔다. 나는 부담스럽다는 이유로 모든 인터뷰를 거절했다. 한차례의 소동이 지나간 후, 나는 혼자 조용히 생각을 정리하기 위해 해안가를 산책했다. 그런데 한 여자가 다가와 인터뷰를 요청하는 게 아닌가. 나는 무척이나 미안해하며 거절했는데, 그녀는 옆 섬에서 남편과 휴가를 보내다가 내 소식을 듣고 인터뷰를 하기 위해 비행기를 타고 왔다고 말했다. 나는 그녀의 정성에 더는 거절을 하지 못했다. 그녀는 자신을 이탈리아의 패션잡지 〈only4few〉 기자인 파비올라라고 소개했다. 그녀

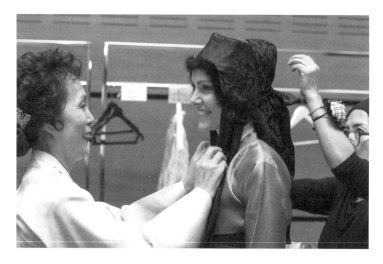

제대로만 보여주면 어느 나라 사람이든 한복의 매력에 빠진다.

와의 이 짧은 만남이 긴 인연의 시작이 될 줄은 꿈에도 몰랐다.

　그날 오후, 나는 케냐로 가야 했다. 세이셸에서의 쇼가 큰 호응을 얻자, 현장에 있던 케냐 관료가 이 쇼를 케냐에서도 열면 어떻겠느냐고 정부에 요청을 했고 정부가 이를 허락했다는 것이다. 나는 깜짝 놀랐다. 처음에는 느닷없는 패션쇼 제안에 당황해서 망설였지만 이왕 멀리 아프리카까지 온 김에 케냐에서도 쇼를 해야겠다는 쪽으로 마음을 바꾸었다.

　그런데 일은 점점 더 커졌다. 쇼의 규모다 더 커진 것이다. UN 대회의실에서 외교통상부 주관으로 열리는 쇼가 되었다. UN의 각 대사 부인들도 쇼에 참석한다는 말을 듣자 걱정이 시작되었다. 세이셸 쇼를 그대로 반복한다는 것도 마음에 걸렸다. 전혀 예측이 불가능한 현장 환경도 걱정이 되었다. 역시나 걱정은 현실이 되었다. 모든 것이 엉망이었다.

우리 쇼의 무대는 칙칙한 형광등 조명에 마이크 하나 제대로 연결하기 힘든 최악의 장소였다. 더 큰 문제는 현장 스태프들의 태도였다. 그들은 이번 쇼가 얼마나 중요한지 잘 모르고 있었고, 시간만 대충 때우려는 듯했다. 게다가 우리를 무시하는 듯한 태도도 보였다. 나는 이런 환경에서 쇼를 해야 한다는 사실에 자존심이 상했다. 우리 문화를 알리고자 하는 좋은 마음으로 찾아온 곳에서 자존심을 상해가며 쇼를 하고 싶지는 않았다. 그렇지만 내가 한 약속이기에 구구한 핑계나 변명은 대고 싶지 않았다.

변명과 핑계로 달라지는 건
아무것도 없다

핑계처럼 좋은 게 없다. 내 실수가 달라지는 것 같기 때문이다. 변명처럼 좋은 것도 없다. 내 과오의 무게가 줄어드는 것 같기 때문이다. 그러나 달라지지 않는 게 하나 있다. 바로 결과다. 실수도 과오도 결과로 남는다. 내가 이루고자 하는 일을 방해하거나 위협하는 상황은 도처에서 찾을 수 있다. 그때마다 그것을 핑계와 변명으로 삼는다면 평생 최선을 다한 후의 감동을 경험하지 못할 것이다. 나는 핑계와 변명으로 이 상황을 마무리하고 싶지 않았다. 어떻게 해서든 방법을 찾아야 한다는 생각에 마음을 다잡았다.

"이런 환경에서는 쇼를 할 수 없어요. 내가 쇼를 하지 못하는 이유는 당신들이 제대로 된 장비를 구해주지 않아서입니다. 나는 케냐 정부 담당자에게 그렇게 말할 겁니다."

쇼가 시작되기 하루 전날이었다. 현장 스태프들에게 제대로 된 장비를 구해달라고 요청했지만 거절당하고 나서 나는 모든 준비를 중단하고 짐을 꾸려 돌아갈 채비를 했다. 당시 현장 스태프들을 움직이게 하는 방법은 그것밖에 없겠다는 생각이 들었다. 그들에게 단호함을 보여야 했다. 우리가 초강수를 두자 그들은 동분서주하며 장비를 구하기 시작했고, 절대 할 수 없다던 일을 반나절 만에 해놓았다.

장비가 갖춰졌지만 여전히 준비는 힘들었다. 쇼와 관련한 모든 것에 신경을 써야 했던 나는 정신없이 뛰어다니며 현장을 지휘했다. 모델들에게 옷을 갈아입히도록 지시하고, 음향을 세팅하고, 쇼의 연출과 무대 동선까지 체크했다. 내가 가장 신경을 쓴 것은 대사 부인들에게 한복을 입혀주는 일이었다. 한복에 낯선 그녀들이 한복을 친숙하게 느끼고 좋아할 수 있도록 최선을 다했다. 다행히 그녀들은 한복을 좋아했다.

옷을 입으면서도 내게 많은 질문을 하며 관심을 보였다. 그녀들의 반응에 나는 안도의 한숨을 쉬었고 뿌듯함을 느꼈다. 만약 스태프들의 태만함을 불만 삼아 그냥 돌아갔거나, 그들과 마찬가지로 안이하게 준비했더라면 절대로 느낄 수 없는 감동이었다. 열악한 상황을 딛고 할 수 있는 만큼 최선을 다했기에 받을 수 있는 위로였다.

쇼가 시작되고 〈황진이〉 테마음악과 함께 모델들이 무대에 섰다. 대사 부인들은 한복의 아름다움에 흠뻑 빠져들었다. 쇼가 끝나고 만찬이 끝날 때까지 한복을 벗으려고 하지 않았다. 한복은 아프리카의 흑탄처럼 빛나는 까만 피부의 모델이 입어도, 금발의 푸른 눈을 가진 밀랍인형 같은 모델이 입어도 그림처럼 잘 어울렸다. 물론 한복에 서린 우리의 얼까지 표현할 수는 없었지만 나는 다시 한 번 한복의 경쟁력을 확인했다.

한복은 세계인 누가 입어도 아름다운 옷이다. 직선과 곡선의 어우러짐이 만들어내는 고운 선과 자연을 닮은 해사하고 아름다운 색감, 이 조화가 단박에 사람의 시선을 끄는 강렬한 아름다움을 갖고 있기 때문이다. 또 한복의 요소는 서양복식과 그럴 듯하게 어울리는 것이 무척 많다. 제대로만 보여주면 어느 나라 사람이든 약속이나 한 것처럼 한복의 매력에 빠질 것이다.

내게 온 기회를 잡는
가장 현명한 방법

"뭐? 펜디? 그게 뭐예요?"

가게 직원이 내게 전화를 돌려주며 '펜디'라는 메모를 전해왔다. 나는 당시에 펜디가 패션 브랜드라는 것조차 몰랐다. 옷을 짓는 사람이지만 명품 브랜드에 관심도 없었고 무지했다. 지금이야 대학에서 패션 분야를 가르치는 딸이 있으니 어깨너머로 몇몇 브랜드의 이름을 듣지만 그때만 해도 한복 말고는 아무것에도 관심이 없었다.

내게 옷은 손님을 맞이하거나 바느질하기 좋은 차림이면 충분했고 가방도 큰 의미가 없었다. 더 아름다운 것, 더 예쁜 것에는 눈이 가지만 비싸고 유명한 것이라는 레터르를 달고 포장된 것에 대해서는 큰 관심이 없었다. 좋고 싫고의 개념조차 없었다. 내게도 선물로 받는 이른바 명품 가방이 몇 개 있었는데 그게 뭔지, 얼마나 좋은지도 모르고 가지고 다녔다.

어느 날 그 가방 중에 유난히 색이 고와서 들고 다닌 가방이 하나 있었다. 지인들과 만나는 자리에서 나도 모르게 가방을 바닥에 두고 테이블에 앉으니, 주변 사람들이 깜짝 놀라며 "선생님, 그 백이 뭔지 모르시죠? 그러니까 이렇게 막 두시지!"라며 우스갯소리로 타박한 적이 있다. 그때는 한복 하나만 생각하는 것으로도 벅차 다른 건 관심에 둘 겨를이 없었다. 그래서였는지 패션 일을 하는 사람으로서 패션 브랜드를 잘 모르는 것이 창피하지 않았다.

돈보다 더 소중하게
생각하는 가치

펜디에서 연락이 왔을 때도 마찬가지였다. 나는 솔직하게 펜디가 무엇을 하는 곳인지 잘 모른다고 말했다. 펜디코리아 관계자는 적잖이 놀란 눈치였다. 그들이 내게 제안한 내용은 펜디의 가방 중 공전의 히트를 친 '바게트 백'과의 컬래버레이션이었다. 아티스트 10인이 각자의 영감을 바탕으로 바게트 백을 디자인해서 자선기금을 마련하는 좋은 취지의 행사였다. 그들은 내가 10인의 아티스트 중 한 명으로 선정되었고, 앞으로 2개월 동안 마음껏 디자인을 해서 만들어달라고 부탁했다. 처음에는 갑작스러운 제안에 놀랐지만 행사의 취지를 듣고 나니 영광스러운 일이라는 생각이 들었다.

얼마 지나지 않아 백이 도착했다. 그때부터 한 달 동안은 가방만 쳐다보기로 했다. 가까이에 두기도 하고 멀리 놓고 보기도 하면서 매일매일 어떤 백을 만들지 그 생각만 했다. 나는 무엇이든 제안을 받아들이고 나면 내가 할 수 있는 최선을 다하려고 노력했다. 그것은 나를 알아봐주고 일을 맡긴 사람에 대한 예의이기도 하다.

어떤 가방으로 만들지 고민에 고민을 거듭하다가 결국은 내가 가장 잘하는 것을 하자고 마음먹었다. 한복 느낌이 나는 백을 만들기로 한 것이다. 생각이 정리되니 작업은 일사천리였다. 바게트 백을 치마저고리라 생각하고 한복의 모티프를 가미했다. 한복에 매화를 그려 넣듯 백에도 매화를 피웠다. 매화에 산호, 비취, 밀화를 붙이고 펜디 로고 버클은 비취를 깎아서 만들었다. 돈도 시간도 아무것도 아끼지 않았다. 다른 장신구들도 값비싼 재료로 직접 만들었다. 옥판에 진주를 붙이고 구하기 힘든 노리개도 달았다.

백이 다 완성되기 전, 펜디코리아 관계자가 찾아왔다. 중간점검을 위한 방문이었다. 그는 내가 만든 백을 보고 꽤나 놀란 듯했다. 다른 아티스트들은 자신의 개성을 가방에 그림을 그리는 것으로 드러냈는데 이렇게 갖춰 입은 한복처럼 보이는 백은 상상도 못했다는 것이다.

"선생님, 너무 아름다워요. 저희가 기대했던 것 이상으로 멋진 백이 나왔어요. 그런데 재료비가 너무 많이 든 건 아닌가요? 저희가 죄송해서 그래요."

"마음에 들었다니 나는 그걸로 됐어요. 돈 벌려고 한 일이 아니라 그보다 더한 가치를 위해 만든 거니 부담 가지지 마세요."

내 안에서 나를 지탱해주는
가장 순도 높은 목표

펜디코리아 관계자는 내게 로마에서 열리는 자선 파티에 함께 참석하길 바랐지만 하필이면 그때 다른 일정이 있어서 가볼 수 없었다. 한복을 입은 나의 펜디 백은 로마 행사에서 중요한 자리를 차지했으며 한 일본인이 그 백에 매우 많은 돈을 기부해서 자선기금 마련에도 큰 도움이 되었다는 후일담을 전해 들었다.

로마에서의 자선행사가 끝나고 한국에서도 같은 행사가 진행되었다. 이번에는 펜디 옷과 백까지 보내주며 반드시 참석해줄 것을 부탁했다. 로마에 다녀온 그 백을 나도 다시 보고 싶었다. 행사장에 들어서자 매화가 환하게 핀 백이 나를 반겼다. 관계자들은 내게 로마에서 한국의 아름다움이 얼마나 빛났는지 그 후일담을 한참 이야기해주었고, 사람들의 인사도 길었다. 나는 가슴이 뻐근할 정도로 좋았다. 얼마나 비싸게 팔렸는지, 내가 얼마나 많은 공과 돈을 들였는지는 하나도 중요하지 않았다. 브랜드도, 트렌드도 모른 채 한복 하나만 보고 산 사람이 제 눈에 제일 예쁘게 보이도록 만든 것을 최고의 패션 전문가들이 인정해주고 진심어린 칭찬을 해주었다는 것이 중요했다.

나는 내가 칭찬받은 것이 아니라 우리 옷, 한복, 우리의 아름다움이 인정받은 것 같아 가슴이 벅차올랐다. 내 안에서 나를 지탱해주던 마음의 소리가 밖으로 울려 퍼지는 것 같았다. '이것 봐, 우리 것이 이렇게 아름답다니까.'

나는 정화된 목표를 좋아한다. 어떤 이익도 고려하지 않은 순수한 목표치, 그것에 도달하기 위해 아무것도 고려하지 않고 열정적으로 달려갈 때 비로소 저력이 발휘된다고 믿기 때문이다. 이것을 해내면 다른 무엇이 될 테고, 또 이것이 이뤄지면 다른 어떤 일이 일어날 텐데 하는 기대는 일을 하는 도중에 오히려 방해만 될 뿐이다.

사람에게 기회란 비교적 공정한 편이라 내게 온 기회를 잡는 최선의 방책도 바로 순도 높게 접근하는 것이다. 다른 생각 없이 단 한 가지 생각만으로 그 하나만 바라보는 것이다. 아름답게 만들고자 했으면 내가 생각하는 최상의 아름다움에 도달하도록 나를 밀어붙여야 한다. '다른 사람은 어떻게 하고 있을까?' '재료비를 너무 많이 쓰는 건 아닐까?' '이런 걸 사람들이 좋아할까?' 하는 상념들은 처음 나의 목적과 배치되는 것이다. 어찌 보면 나의 목표치는 도달하기 어려운 게 아니다. 다른 생각 다 걷어치우고 한 가지 생각만 하면 되는 단순한 방법만 있으면 되니까 말이다.

내 인생에서
가장 엄중한 약속은
나와의 약속이다

나는 여러 나라에서 패션쇼와 전시회를 해왔고 지금도 약속해 놓은 일정이 꽤 많다. 특히 해외에서의 패션쇼는 웬만하면 다 하려고 한다. 해외에서 쇼를 하는 것은 한국에서 하는 것보다 몇 배는 더 어려운 일이지만, 쇼가 끝난 후 우리 문화에 대한 찬탄을 멈추지 않는 외국인들을 보면 나의 일과 우리 것에 대한 자부심에 희열이 느껴진다.

핀란드에서의 한복 전시도 남다른 추억을 남겨주었다. 어느 날, 핀란드 국립박물관의 한국인 큐레이터가 한복 전시를 열고 싶다고 연락을 해왔다. 자비를 들여서라도 꼭 한복 전시를 열고 싶다는 그녀의 목소리에서 진정성이 느껴졌다. 나는 그녀의 열정에 감동해서 오래 생각도 하지 않고 옷을 빌려주겠노라 약속했다. 직접 가서 전시를 준비하고 싶지만 비용 문제가 부담스러워서 빌려주겠다고만 한 것이 무척 속상했다.

한국을 잘 모르는 핀란드 사람들에게 모국의 문화를 알리겠다는 그녀의 아름다운 조바심이 손에 잡힐 듯해 더 안타까웠다. 그 후 문화체육관광부 관계자와의 자리에서 자연스럽게 그 이야기가 나오게 되었는데 뜻밖에도 고위관계자였던 그가 후원을 약속했다. 그렇게 좋은 일을 하는데 당연히 나라가 도와야 하지 않겠느냐며 나를 포함한 스태프들의 경비가 마련해 되도록 절차를 진행하자고 했다.

타국에서 외롭게 고군분투하고 있는 그녀가 기뻐할 생각에 내가 다 신이 났다. 이왕 가는 김에 한국의 다른 문화도 알리고 오고 싶어서 평소 가깝게 지내는 한글 캘리그래피 교수님과 다도 전공 선생님께도 함께 핀란드로 가자고 제안했다. 두 교수님도 좋아하셨다. 내 일을 도와줄 스태프가 그만큼 줄어들지만 내가 더 일하면 된다고 생각했다. 두 분 선생님과 함께 행사를 할 생각에 가슴이 부풀어 올랐다.

진심은 어디서나 통한다

"어머, 선생님. 저는 한복을 빌려주시는 것만으로도 너무 감사했어요. 이렇게 직접 와주시고 전시 기획도 해주실 줄은 정말 상상도 못했어요."

그녀는 우리 일행을 보자 얼굴을 붉히며 기뻐했다.

"그동안 혼자서 얼마나 마음 졸였을지 다 알아요. 이제부턴 걱정 말아요, 내가 최선을 다할 테니 우리 한번 멋지게 해보입시다."

그녀는 내 손을 꼭 잡으며 활짝 웃어 보였다.

우리는 한국에서 구상해온 대로 전시회를 준비하기 시작했다. 전시회가 열릴 장소 입구에 골무가 든 색동 주머니를 달아 쇼를 보러 온 사람들이 하나씩 가져갈 수 있도록 작은 이벤트도 마련했다. 색동에 대해 아무런 개념도 없을 핀란드 사람들에게 그것을 설명할 생각에 마음이 뛰었고, 또 선물로 줄 주머니들을 보니 흐뭇함이 가득했다.

관객들이 입장하기 시작했다. 가슴이 콩닥콩닥 뛰었다. 핀란드인들은 긴 겨울을 화려한 색감과 유려한 디자인의 인테리어로 견디는 만큼 미감이 탁월했다. 나의 예상대로 그들은 색동을 까무라치게 좋아했다. 골무에 대해서도 설명을 듣고는 굉장한 관심을 보였다. 한쪽에서는 관람객들이 원하는 단어를 한글로 써주는 이벤트를 했는데 관람객들의 줄이 건물 밖까지 이어질 정도로 인기를 끌었다. 사람들이 한국어로 쓰고 싶어 한 단어는 '사랑'이 아닐까 싶었다. 나중에 교수님께 여쭸더니 그들이 가장 많이 써달라고 한 말은 '어머니'였다고 했다. 가슴에서 뜨거운 무언가가 느껴졌다. 어머니라니… 그 추운 백야의 땅이 더없이 따뜻하게 느껴졌다.

행사장 한켠에는 돗자리를 정갈하게 깔고 다과상을 차려 다도를 체험할 수 있는 공간을 마련했다. 차를 마시려고 불편한 양반다리도 마다하지 않는 핀란드 사람들을 보니 가슴이 찡했다.

그때 전시회를 보러 온 대사관 직원들이 다급하게 나를 찾았다. 이렇게 큰 규모의 좋은 전시회를 기획하고서는 왜 자신들에게 연락하지 않았느냐며 아쉬워하는 것이었다. 나는 이 전시는 큐레이터가 내 한복 전시를 하고 싶다고 직접 연락을 해와서 시작된 거라 대사관에 연락할 생각은 못했다고 말했다. 옆에서 내 말을 듣고 있던 큐레이터는 눈시울을 붉혔다. 그동안 대사관에 수없이 협조를 부탁했음에도 그때는 신경써주지 않았기 때문이다. 그녀는 그간의 서운함과 함께, 한편으로는 좋아서 눈물이 난다고 했다. 나는 그녀를 따뜻하게 안아주었다.

전시회가 성황리에 마무리된 후 나는 옷들을 모두 큐레이터에게 선물했다. 행사 내내 우리의 문화에 큰 관심을 보이고 좋아하던 핀란드 사람들을 보고 그렇게 결정했다. 큐레이터는 깜짝 놀라면서 의아해했다.

"선생님, 이렇게 귀하고 비싼 옷을 그냥 주시면 어떻게 해요. 전시에 도움을 주신 것만으로도 저는 너무 벅차고 감사해요."

나는 그녀가 앞으로 이 옷으로 핀란드에 한국을 알릴 수 있었으면 좋겠다고 말했다. 그녀는 그때부터는 진짜 울기 시작했다.

내가 한 말을 지키기 위한 노력이
비로소 '나'를 만든다

핀란드에서의 전시회가 끝난 뒤, 파키스탄 대사의 부인이자 한국복식과학재단의 최인순 이사에게서 연락이 왔다. 평소 우리 문화와 한복을 알리기 위해 앞장서는 분이었다. 핀란드 대사관에서의 전시회가 대사관 사이에서 소문이 났고 그 소식을 듣자마자 단박에 연락을 해오신 것이다. 내게 파키스탄에서 패션쇼와 전시회를 함께 열고 싶다고 제안했다. 그리고 다도와 한글 써주기도 같이 해줬으면 좋겠다고 했다.

하지만 당시의 파키스탄은 내부 사정이 좋지 않아 위험국가로 여길 때였다. 주변 사람들은 총알이 날아다니는 파키스탄에서 패션쇼가 웬말이냐며 나를 말렸다. 하지만 나는 진행했다.

해외에서 쇼를 하면서 숱한 어려움을 만나지만 나는 늘 아무것도 아닌 것으로 만들었다. 낯선 동양의 나라 한국의 전통의상

을 보고 감동하는 사람들의 모습을 보면 어떤 난관도 헤쳐 나갈
수 있게 된다.

　나는 하기로 약속했으면 내가 할 수 있는 한 최고의 노력을 기
울인다. 최선을 다하지 않을 이유를 찾기 시작하면 늘 그만큼만
하는 사람이 되고 만다는 걸 잘 알고 있기 때문이다. 누군가에게
대단한 의미로 인정받도록 최선을 다하라는 이야기가 아니다. 내
가 나에게 인정받도록 하라는 의미다. 그것은 내가 한 말에 대한
책임을 지는 것이다.

　말의 책임을 지는 일은 어렵지 않다. 말대로 하면 되고 그렇게
하면 진실한 사람이 된다. 물론 진실해지기란 쉽지 않다. 약속을
실천하다보면 내 마음 같지 않은 상황과 관계가 생기기 때문이
다. 입 밖으로 내뱉은 이야기를 행동으로 옮기는 것, 이것은 어쩌
면 타인이 아닌 자기와의 엄중한 약속인지도 모를 일이다. 그럴
때마다 나는 단순하게 생각한다. 말과 행동이 같아지도록 하자.
행동하지 못할 것 같으면 입 밖으로 내지 말자. 그러면 사소한 약
속도 허투루 어기는 일이 없고, 내 안의 다짐을 배반하는 일도 일
어나지 않는다.

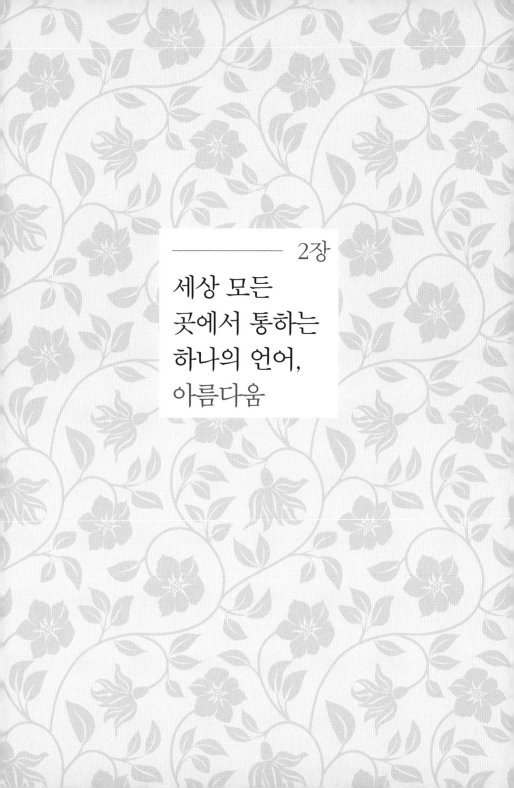

2장

세상 모든
곳에서 통하는
하나의 언어,
아름다움

나는 한복을 짓는 사람이다.
한복이 얼마나 훌륭하고 아름다운
옷인지를 밝히고 알리면 되는 사람이고,
그것을 위해 살고 있다.

아름다움에는
끌어당기는 힘이 있다

　나의 책《아름다운 우리 저고리》는 참 많은 인연을 만들어주었다. 메트로폴리탄 뮤지엄 쇼를 비롯한 세계 여러 나라에서의 쇼와 전시를 통해 만난 사람들 그리고 명품 브랜드와의 컬래버레이션과 해외 아티스트와의 인연까지… 뜻밖의 만남과 잊지 못할 추억을 선사해주었다.

　펜디와 컬래버레이션을 할 때도 그랬지만 나는 한복 이외에 다른 옷이나 디자이너에 대해 서는 아는 것이 별로 없다. 다만 샤넬은 알고 있다. 그녀는 가장 디자이너처럼 살다간 사람이라고 생각하기 때문에 관심을 갖고 있었지만, 그외 브랜드와 디자이너에 대해서는 무지에 가까울 정도로 아는 것이 없었다.

그런 내게 '드리스 반 노튼'은 너무나 생경해서 외우기조차 힘든 이름에 불과했다. 그러니 그가 얼마나 대단한 디자이너이며, 그가 나의 작업에 관심을 가져준 것이 얼마나 엄청난 일인지 알 턱이 없었던 것이다. 신세계 인터내셔널의 담당자는 나의 의아스러운 반응에 짐짓 놀라는 듯했다.

"선생님, 드리스 반 노튼이 선생님 옷에 관심이 많아서 저희 쪽으로 제안을 해왔습니다."

"드리스 반 노튼이요? 그분이 뭐하는 분이시죠?"

"네? 아… 선생님, 패션디자이너 드리스 반 노튼을 모르세요?"

"미안합니다만, 나는 처음 들어보는 이름이네요."

"네…. 드리스 반 노튼은 벨기에의 명품 의류브랜드를 이끄는 패션디자이너입니다. 선생님 한복에 관심이 많아 이번 컬렉션에 선생님 한복을 모티프로 한 옷을 선보이고 싶다는 연락을 저희 쪽으로 해왔어요."

"아니, 그렇게 대단한 사람이 도대체 나를 어떻게 알게 되었나요?"

진심은 어디서나 통한다,
아름다움은 진심이다

나는 어떻게 내 책이 앤트워프에서 태어나 파리에서 활동하고 있는 세계적인 디자이너의 작업실에 들어갔는지 알고 싶었다. 담당자가 들려주는 드리스 반 노튼의 제안보다 그게 더 궁금했다. 드리스 반 노튼은 동양의 옷에 관심이 많다고 했다. 중국, 일본의 전통의상과 컬래버레이션을 한 패션쇼를 여러 번 열었는데 새로운 시즌을 준비하면서는 좀 더 색다른 작업을 하고 싶어 다른 스타일의 전통의상을 찾았고, 마침 그와 함께 일하던 한국인 디자이너가 책 한 권을 건네주었다고 한다. 그 책이 바로《아름다운 우리 저고리》였던 것이다.

그는 내 책을 보고 한복저고리의 매력에 빠져들었다고 한다. 인터넷을 통해 내 패션쇼 사진들까지 본 후, 한국의 사업 파트너인 신세계 인터내셔널에 연락해 나와 함께 작업을 하고 싶다고 제안했다는 것이다. 그쪽에서 내 책과 인터넷에서 찾은 패션쇼 사진을 신세계인터내셔널 담당자에게 보내줬고, 나를 찾게 된 것이다. 그런데 재밌고도 아이러니한 일은, 드리스 반 노튼이 함께 작업하고 싶다고 한 한복디자이너 김혜순을 한국의 신세계 인터내셔널에서는 모르고 있었다는 것이다.

그가 나에게 부탁한 것은 내가 만든 한국의 전통의상에 대한 자료였다. 나는 그의 진심어린 관심에 무척 기뻤다. 내가 쓴 글과 재현한 저고리를 촬영한 사진까지 개의치 말고 편하게 쓰라고 했다. 한국의 복식에 대한 관심이 그의 영감을 깨워 한복의 미감이 가미된 옷이 만들어지는 생각을 하니 그것만으로도 기뻤다.

그러나 그는 응당한 비용을 지불해야 한다면서 내 책에서 저고리 네 개의 이미지를 고르더니 꽤 큰 금액을 지불하고 자료를 빌려갔다. 그가 고른 이미지는 내가 정말 좋아하는 디자인이었다. 그가 우리의 저고리를 어떻게 자신의 컬렉션에 적용시킬지 너무나 궁금했다.

얼마 후, 그가 보낸 파리컬렉션 초대장이 도착했다. 나는 뜻밖의 초대에 깜짝 놀랐고 기뻤다. 파리로 떠나기 전에 나는 얼굴 한 번본 적 없는 그의 한복을 만들었다. 우리 옷에 대한 관심과 호감에 대한 내 방식의 감사인사였다. 신체 사이즈를 묻지도 않고 인터넷으로 그의 사진을 찾아 눈대중으로 옷을 만들었다. 모델들과 함께 서 있는 사진으로 체형을 가늠했고 무대 인사할 때 입은 옷으로 취향을 고려했다. 날렵하고 세련된 외모에 맞는 색상을 조합해 디자인을 했다.

패션쇼가 열리는 파리시청에서 그와 만났다. 반갑게 나를 맞아주던 그에게 준비해간 한복을 건네주자 그는 놀랍다는 표정으로 크게 기뻐했다. 그는 내가 만든 바지저고리, 마고자, 두루마기를 하나하나 보고 정말 아름다운 옷이라며 감탄하며 그 자리에서 입

한복저고리의 매력에 빠진 드리스 반 노튼에게 내 방식의 감사 인사인 한복을 선물했다.

어보겠다고 했다. 나는 직접 한복을 입혀줬다. 눈대중으로 지은 옷이었지만 맞춤처럼 그에게 딱 맞았다. 그는 연신 아이처럼 좋아하며 내게 깊은 감사를 표했다.

패션쇼가 시작되자, 마치 나의 쇼가 열리는 듯 떨렸다. 그가 내 저고리를 응용해서 어떤 스타일의 옷을 만들었을지, 서양인이 보는 한복은 어떻게 다를지 호기심이 일었다. 쇼가 시작되자 순간, 소름이 돋았다. 역시나 그가 본 한복은 특별했다. 우리는 한복의 전체적인 것을 보는 반면 그는 한복의 구성 하나하나를 뜯어본 것이다. 배래, 앞섶, 깃의 각도를 차용해 세련되고 아름다운 옷으로 재탄생시켰다. 흠잡을 데 없이 훌륭한 쇼였다.

패션쇼가 끝나고 그는 센강 가에 있는 자신의 숍으로 나를 초대했다. 멋진 한복을 선물받은 것에 대한 보답으로 나에게 자신의 옷을 선물해주고 싶다는 것이었다. 나는 동양미가 물씬 느껴지는 원피스 한 벌을 골랐다. 그랬더니 하나 더 골라보라는 게 아닌가. 극구 사양했지만 그는 고개를 저었다. 나는 하는 수 없이 이불만큼 길고 넓은 스카프 하나를 골랐다. 그는 나의 옷 고르는 안목을 칭찬했다.

"역시 안목이 탁월합니다. 내가 가장 좋아하는 옷을 골랐네요."

아름다움에 담긴 진심을 소통하고 교감하며 우리는 더없이 기분 좋은 시간을 보냈다.

좋아하는 일에 매달리면
진정성은 절로 생긴다

"선생님, 이런 좋은 일이 있으면 제발 미리 좀 알려주세요. 선생님을 알리는 게 아니라 한복을, 한복의 아름다움을 알리는 일이에요. 네?"

한국으로 돌아오자마자 〈바자 코리아〉에서 전화가 왔다. 드리스 반 노튼의 패션쇼를 본 한 에디터가 왜 자신들에게 미리 알려주지 않았냐며 나를 타박했다. 전 세계가 주목하는, 드리스 반 노튼이 한국의 한복 디자이너에게 영감을 얻었다는 사실은 패션계의 일대 사건이라는 것이다. 그녀는 나보다 더 아쉬워하며 이런 소식은 미리 알려주기만 하라고 거듭 당부했다.

드리스 반 노튼이 김혜순의 한복에서 영감을 얻은 것은 중요한 일이 아니다. 나에게는 그보다 더 중요한 사실이 있다. 패션 종주국 파리컬렉션에 온 프레스와 전 세계의 바이어들이 한복이 얼마나 훌륭하고 아름다운 옷인지 알아봐줬다는 것이 더 중요하고 감격스러웠다. 그것으로 충분히 뿌듯했다. 그게 김혜순의 옷이었다는 것은 나만 알아도 좋은 것이라 생각한다.

만일 내가 이름 석 자를 알려야겠고, 돈도 벌어야겠다고 생각했다면 작품의 순도는 떨어졌을 것이다. 내 성에 차서 이보다 더 완벽할 수는 없다는 생각이 들 정도의 무결한 작품은 나오지 못할 것 같다. 유난스러운 결벽주의라는 힐난을 들어도 어쩔 수 없다. 그저 내 마음에 들도록 열심히 했는데 그것을 사람들이 좋아해주면 된다.

무엇이 되기 위해 매달리는 일은 완전하지 않다. 그보다는 어떻게 할 것인가에 집중하다 보면 의외의 길이 열리고, 더 나은 결과를 내고 싶어서 하는 일은 완벽에 가까워진다. 늘 그래왔다. 그렇게 생각하면 삶은 보다 단순해지고 일도 쉽게 이루어진다. 무엇이 되려 하기보다는 어떻게 할 것인가에 집중해보자. 그 단순한 열정이 우리를 또 다른 환희의 경지로 이끌 것이다.

선택의 기로에 섰을 때
스스로에게 묻는
단 한 가지 질문

　드라마 〈황진이〉가 장안의 화제가 된 후, 여러 기업에서 나에게 컬래버레이션 제안을 해왔다. 한 기업은 황진이 이불을 만들자고 했고, 또 한 브랜드에서는 함께 속옷을 만들어보자고 했다. 담당자는 잘 되면 홈쇼핑에도 나갈 수 있을 거라고 들뜬 목소리로 말했지만, 나는 그 말에 기겁했다. 방송에 나가서 목소리를 높여 내 물건이 최고라고 말할 자신도 없고, 나의 뮤즈인 '황진이' 이름을 단 제품을 만들어 팔고 싶지도 않았다.

　그들이 제안한 금액은 골목 안쪽, 그것도 돌아앉아 있는 작업실에서 한복을 짓고 있는 나에게는 무척 큰돈이었다. 그러나 돈을 좇다간 모든 것을 다 놓치고 말 거라는 조바심이 일었다. 나는 대부분의 제안을 거절하고, 그중 내 마음에 추호의 거리낌이 없고 내 업의 본질을 거스르지 않은 기회만 선택했다.

컬래버레이션은 많은 것을 생각하는 기회가 되어주었다. 내가 진정으로 하고 싶은 것이 무엇인지 끝없이 생각하는 과정에서 결론도 명확해져갔다. 내가 이루고 싶은 것은 명성도 돈도 아님이 더 분명해졌다. 나는 순식간에 허공 속으로 흩어지고 말 명성을 쌓는 데는 전혀 관심이 없었다.

나는 한복을 짓는 사람이다. 한복이 얼마나 훌륭하고 아름다운 옷인지를 밝히고 알리면 되는 사람이고, 그것을 위해 살고 있다. 그래서 한복 만드는 일이 아닌 다른 일을 한다고 해도 역시나 우리 옷의 아름다움을 알리는 차원에서만 한다는 게 나의 원칙이자 다짐이다. 수많은 컬래버레이션 제안 중에서 내가 참여한 작업도 이 원칙에 맞고 새로운 도전의 설렘이 드는 일이었다.

냉장고에 꽃을 피우다

어느 날, 삼성전자 쪽에서 지펠 냉장고를 디자인해달라는 제안을 해왔다. 전혀 생각지도 못한 제안이라 당황스러웠다.

"냉장고 디자인이요? 아니 한복 만드는 제가 어떻게 냉장고 디자인에 대해 알겠습니까. 그건 못할 것 같은데요….”

“아니에요, 선생님. 냉장고 디자인이라고 해서 다른 차원의 디자인이라고 생각하실 필요 없습니다. 그냥 저희 냉장고에 선생님만의 감성을 표현해주시면 돼요.”

“제 감성이라고요?”

나만의 감성을 담은 냉장고 디자인을 해달라는 제안이 무척 부담스럽긴 했지만 한편으로는 호기심도 생겨났다. 여자들에게 가장 친숙한 가전제품이 냉장고 아닌가. 여자라면 누구나 예쁜 냉장고를 가지고 싶어 한다. 지펠의 좋은 성능에 나의 디자인이 더해지면 어떤 결과물이 나올지 사뭇 궁금해졌다.

당시만 해도 냉장고는 성능이 좋은 것을 최고로 여겼고, 디자인은 흰색이나 회색 바탕의 투박한 디자인이 대세였기에 다른 감성의 디자인으로 여자들에게 기쁨을 주는 일이라면 의미 있는 일이 될 것 같았다. 또 삼성의 냉장고라면 전 세계로 수출되는 상품이니 한국적 서정이 듬뿍 담긴 디자인 제품이 세계 여러 나라 여자들을 만난다고 생각하니 가슴이 두근거렸다.

이 프로젝트 역시 최선을 다했다. 이른 아침부터 하루를 시작하는 나에게 맞춰 삼성전자에서도 그 시간에 함께 머리를 맞대 기획회의를 했다. 클라이언트가 마음에 든다고 확정한 기획안도 내 성에 차지 않아서 수정을 거듭했다.

나는 보는 것만으로도 예쁘고 여자들의 마음을 설레게 하는 냉장고를 만들고 싶었다. 결국 화사한 파스텔 톤을 이용한 아련한 수채화 느낌의 꽃을 그려 넣었다. 삼성의 관계자들은 나보다 더 이 아이디어를 좋아했다. 내가 그린 꽃그림이 담긴 냉장고는 출시되자마자 거의 폭발적인 반응을 불러왔다. 이제까지의 냉장고 중 가장 아름답다는 평가도 받았다.

아름다움에 아름다움을
더하는 일

지펠 냉장고 외에 또 다른 컬래버레이션은 화장품 브랜드 후의 '비첩' 출시 천 일을 기념하는 화장품 케이스를 디자인하는 일이었다. 이 제안은 상당히 흥미롭게 느껴졌다. 평범한 화장품이 아니라 황후를 상징하는 화장품이 아닌가. 그 화장품 케이스라면 황후의 옷을 입혀보고 싶었다.

왕후만 사용하는 모티프, 왕후의 느낌이 충만한 디테일들을 생각하는 작업은 무척 재미있었다. 당시만 해도 보통 여자들이 화장품을 고를 때의 기준은 성분이나 효과에 대한 후기였지 화장품 케이스에 대한 관심은 그다지 크지 않았다. 나는 갖고 싶은, 소장하고 싶은 화장품 케이스를 만들어보고 싶었다.

왕비의 옷에 대한 자료를 수없이 찾아보며 케이스의 색상과 모양을 고민했다. 그러던 중 왕비의 옷에 들어가는 화려한 색상과 '오얏꽃'이라고도 불리는 자두꽃을 넣은 디자인 시안 몇 개를 엘지생활건강에 전달했다. 역시나 반응이 좋았다. 그런데 제작이 문제였다. 수소문한 끝에 프랑스에서 주문 제작해 국내에 들여오는 방법을 채택했다. 경쟁업체들이 효능과 모델에만 신경을 쓸 때 후는 제품력에 대한 자신감을 바탕으로 케이스 디자인에 총력을 기울였다.

화장품을 선보이기 전, 대중들은 이 화장품 케이스를 보고 어떤 반응을 보일지 궁금해서 마음이 설렜다. 왕후의 기품을 보여주는 배우 이영애의 광고와 맞물려 시장의 반응은 우리의 기대를 뛰어넘었다. 출시되자마자 품절되는 기염을 토했다. 나의 예상대로 여자들에게 후의 화장품은 소장하고 싶은 작품이 되었다. 지금도 내가 만든 화장품을 볼 때마다 가슴 한켠이 뿌듯하다. 후와의 작업을 통해 나는 기업과 예술의 컬래버레이션이 만들어내는 진정한 묘미를 느낄 수 있었다.

컬래버레이션은 '협업'을 의미한다. 새로운 분야가 협업을 통해 동반 상승효과의 시너지를 일으키는 공동작업이다. 그러나 협업한 이들이 똑같이 상승효과를 누리는 컬래버레이션의 사례는 많지 않다. 그러나 후와 나의 컬래버레이션은 과정과 결과 모두 성공적이었다. 그 이유는 서로 상대를 배려했기 때문이다. 나는 예술가로서 내 고집만 부리려 하지 않았고. 후는 마케팅의 관점으로 디자이너의 생각을 무작정 바꾸려 들지 않았다. 그랬기 때문에 나는 더 많은 여자들이 좋아할 만한 디자인에 대해서만 생각했고, 회사는 내가 디자인하기 더 좋은 환경을 만들어주기 위해 고심했다. 후와의 인연은 파리 루브르 박물관에서의 쇼로도 이어졌다. 후는 더 근사한 쇼를 열 수 있게 후원해주었고, 나는 후를 위해 한복 치마에 그림을 넣은 화보를 만들어 답례했다.

나는 이 작업을 통해 앞으로도 있을 새로운 도전과 협업의 기회를 선택할 때의 나만의 기준을 더 확고히 다졌다. 어떤 기회든 '아름다움에 아름다움을 더하는' 일인지 아닌지 스스로에게 묻는 것이다. 상업적 목적이나 트렌드에 편승한 기획이 아닌 우리 전통의 미감과 한복의 아름다움을 바탕으로 새로운 아름다움을 창조하는 일이라면 나는 지금처럼 기꺼운 마음으로 최선을 다할 것이다.

아름다움을
볼 줄 아는 심미안은
어디에서 오는가

"선생님, 리처드 기어가 내한하는데 한복 좀 만들어주세요."

"뭐라고요? 누구요? 누구 한복을 만들어달라고요?"

느닷없이 리처드 기어의 한복을 만들어 달라는 전화에 나는 재차 되물었다. 그는 내가 이름을 아는 몇 안 되는 배우 중 하나다. 바로 그 할리우드 스타 리처드 기어가 한국에 와서 우리 전통 옷 그것도 내 옷을 입는다니 도대체 실감이 나지 않았다.

나의 황당함을 눈치 챈 전화기 너머의 사람은 리처드 기어가 동양의 불교문화에 대단히 관심이 많은 사람이라고 알려줬다. 티베트불교를 포함해 동양의 불교와 유불선 사상에 해박한 지식을 가졌으며, 예전부터 꼭 한 번 한국을 방문하고 싶어 했는데 이번에 오게 되었다는 것이다.

설명을 듣고 나니 더 궁금한 게 있었다. 한복 짓는 사람이 나 하나도 아닌데 왜 나한테 연락을 했느냐고 물었더니, 리처드 기어가 전통 그대로의 한복을 입고 싶다고 당부했기에 나에게 연락을 하게 되었다고 말했다. 할리우드 대스타가 우리의 한복을 입고 싶어 하다니. 얼마나 기쁜 일인가? 한복의 아름다움을 더욱 널리 알릴 수 있는 기회가 될 것 같아서 기쁜 마음으로 의뢰를 승낙했다.

두루마기를 입은
리처드 기어와의 만남

더없이 설레는 마음으로 제안을 받아들이고 보니 한 가지 문제가 있었다. 옷을 만들려면 사이즈를 알아야 하는데 할리우드 스타들은 자신의 신체 사이즈를 함부로 유출하지 않는다는 이야기가 떠올랐다. 나는 걱정스런 마음으로 조심스레 물어보았는데 의외로 그 쪽에서는 흔쾌히 리처드 기어의 신체 사이즈를 보내왔다. 덤으로 물어봤던 그의 가족들의 신체 사이즈도 함께 보내왔다. 리처드 기어가 내가 만든 한복을 입고 불교 사찰들을 돌아보고 싶다는 말도 함께 전해왔다.

하지만 일은 쉽지 않았다. 신체 사이즈만 알면 금방 만들 수 있을 것이라는 당초의 예상과는 달리 나는 리처드 기어의 내한 일주일 전까지 바느질도 시작하지 못했다. 색상 때문이었다. 그에게 맞는 색상을 고르는 것은 결코 쉽지 않았다. 체형이나 피부색이 우리와는 완전히 다른 그에게 맞는 한복 색은 무엇일까? 고민이 깊어졌다. 더군다나 그가 내 한복을 입은 모습이 전 세계로 퍼질 것이라는 생각이 나의 선택을 더 주저하게 만들었다. 고민에 고민을 거듭한 끝에 처음 그의 한복을 만들겠다고 결심했을 때 떠올렸던 색을 선택했다. 쥐색 바지와 은색의 포였다.

역시 리처드 기어에게는 그보다 어울리는 색은 없을 것 같았다. 거기에 내가 좋아하는 연꽃을 그려 넣자는 생각까지 정리되니 작업은 더 이상 주저할 것 없이 전광석화로 이뤄졌다. 그의 부인과 아들의 옷까지 며칠 만에 완성했다. 그가 내 한복을 입고 한국 사찰을 돌아볼 때 신을 무명 신발까지 만들어 놓았다.

드디어 리처드 기어가 입국했고, 그와 만날 약속 시간이 다가오고 있었다. 하지만 약속 당일에 청천벽력 같은 연락을 받았다. 리처드 기어와의 약속을 취소해야 될 것 같다는 연락이었다. 그가 대형사찰 한 곳에서 첫 일정을 시작했는데 너무 많은 인파가 한꺼번에 몰리는 바람에 아들이 조금 다쳤다는 것이다. 그 바람에 수행원과 경호원 모두 아주 과민한 상태가 되었고, 그는 한국

일정을 모두 취소하고 미국으로 돌아간다고 선언하게 된 것이다. 이후에는 단 한 대의 카메라도 접근하지 못하게 되었고, 나머지 일정도 오리무중에 빠지고 말았다.

아름다움을 알아보는
사람만의 순수한 눈빛

리처드 기어와 나는 고속터미널 옆 메리어트 호텔에서 만나기로 되어 있었다. 혹시나 하는 마음에 약속 장소로 향했다. 배우 윤정희 씨와 함께 입장하는데도 몸수색이 너무 심했다. 아무 것도 가지고 들어가지 못했다. 우여곡절 끝에 다행히도 그를 만날 수 있었다. 행사 중간에 한복 전달식이 있었는데 내가 한복을 풀어서 내놓으니 그의 눈빛이 달라졌다. 진심으로 마음에 들어 하는 것 같았다. 그는 어린아이처럼 좋아하며 나에게 한복을 입혀 달라고 했다. 주위에 많은 사람들이 지켜보는 가운데 나는 그에게 한복을 입혀 주었다.

한복을 입고 있는 내내 그는 옷고름과 저고리를 만지작거리며 감탄했다. 그러고는 나에게 어떻게 하면 이런 색감과 질감 그리고 이런 그림의 옷을 만들 수 있는지 물었다. 나는 긴 시간 동안 고민했고, 그중 어떤 색상을 써야 할지 정하는 게 가장 어려웠다

한복을 본 리처드 기어는 어린아이처럼 좋아하며 나에게 한복을 입혀 달라고 했다.

고 말했다. 그는 무척 놀라면서 마치 자신의 마음속을 들여다본 것처럼 자신이 가장 좋아하는 색을 선택했다고 말했다. 그러면서 포에 그려진 꽃을 유심히 바라보며 내게 물었다.

"이 꽃은 무슨 꽃이죠?"

"그 꽃은 불교를 상징하는 연꽃이에요. 당신에게도 잘 어울릴 것 같아서 넣었어요."

그는 내 말을 듣더니 반색을 하며 좋아했다.

"포토!"

그가 갑자기 나와 함께 사진을 찍겠다는 사인을 보냈다. 하지만 행사장에 입장할 때 수색을 당해서 아무도 카메라를 가지고 있지 않았다. 리처드 기어의 말을 들은 관계자가 그제서야 카메라를 구해왔고 나는 그와 나란히 섰다. 그가 내한한 후 직접 사진을 찍자고 한 몇 안 되는 컷 중 하나가 그 순간 그 자리에서 완성되었다.

다음 날, 리처드 기어가 TV 프로그램 〈아침마당〉에 출연했다. 그는 내가 만들어준 한복을 입고 나온다고 했다. 나는 그를 한 번 더 만나보고 싶어서 방송국을 찾았다. 생방송이었기에 방송국은 말 그대로 북새통이었다. 나는 혹시 그가 나를 못 알아볼지도 모른다는 생각에 어제 입었던 한복을 그대로 입고 갔다. 그 덕분일까. 리처드 기어가 나를 발견하고는 손짓을 했다. 그와 나는 특별하게 마련된 방으로 들어가 이야기를 나눴다. 그는 나에게 잊지 못할 인사를 했다.

"한복을 만들어줘서 정말 고맙습니다. 미국으로 돌아가서도 가족 행사가 있으면 꼭 다시 입겠습니다. 제 아내도 한복을 너무 좋아했습니다. 자신이 가장 좋아하는 색으로 만들었다며 놀라워했습니다. 감사합니다."

진심으로 우리 옷의 진가를 알아봐주고 아름다움에 감탄하는 그에게 나는 오히려 더 큰 고마움을 느꼈다. 시종일관 젠틀하고 멋진 태도, 온화한 미소를 보여준 그에게 한복은 맞춤처럼 잘 맞는 옷이었다. 해탈의 경지에 이르렀을 정도로 욕심 없는 순수함이 담긴 그의 눈빛이 아직도 잊히지 않는다.

전 세계 여성들을 홀린
그녀와의 만남에서
깨달은 것

"선생님, 혹시⋯⋯ 이하늬 씨 한복 만드신 그분 맞으시죠?"

뉴욕 메트로폴리탄 뮤지엄에서 〈조선의 왕, 뉴욕에 오다〉 쇼를 마친 직후였다. 흥분과 긴장으로 들떠 있던 마음을 가라앉히고 이제 정리를 해야겠다고 생각한 그때, 한 젊은 한국인 여자가 나를 불렀다. 그녀는 자신을 '뉴욕에서 활동하는 패션디자이너'라고 소개했다.

"스타일리스트 패트리샤 필드가 선생님을 뵙고 싶어 합니다."

"네? 그분이 누구신지, 왜 저를 찾는 거죠?"

"아, 패트리샤 필드를⋯⋯ 모르세요?"

사뭇 놀란 표정을 짓던 그녀는 내게 패트리샤 필드가 누구인지 알려주었다. 패트리셔 필드는 영화 〈악마는 프라다를 입는다〉와 미국 드라마 〈섹스 앤 더 시티〉의 의상감독을 맡았던 스타일리스트였다. 그녀의 설명을 듣자마자 "어머!" 하면서 나도 모르게 손뼉을 쳤다.

〈섹스 앤 더 시티〉의 스타일리스트, 패트리샤가 나를 찾은 이유

딸 민경이와 〈악마는 프라다를 입는다〉를 흥미롭게 봤고, 그 영화 속 의상에 관해서도 많은 이야기를 나눈 적이 있다. 그래서 그녀의 이름은 몰라도 업적과 탁월한 감각만큼은 익히 알고 있는 터였다. 그 '패트리샤'가 나를 찾아왔다니! 패트리샤가 기다리고 있다는 곳으로 한달음에 달려갔다.

패트리샤는 나를 정말 반갑게 대했다. 한복 패션쇼는 어떤지 그저 궁금해서 왔다가 쇼를 본 후 한복의 매력에 홀딱 반해버렸다고 했다. 그녀는 막 쇼를 마친 나보다 더 흥분이 가시지 않은 모습이었다. 그녀는 신이 나서 나의 쇼에 대해 이야기하기 시작했고, 특히 소품에 많은 관심을 보였는데 그중에서도 왕의 갓에 달려 있던 '옥로'에 깊은 감흥을 받은 듯했다. 전통 그대로 복원한 것이라는 나의 설명에 더욱 큰 관심을 보였다.

함께 사진을 찍자고 제안하면서 나를 자신의 집으로 초대하고 싶다고 말했다. 전혀 예상치 못한 그녀의 초대에 나는 깜짝 놀랐다. 옆에서 같이 이야기를 듣고 있던 한국인 디자이너도 놀라긴 마찬가지였다. 그녀는 패트리샤에게 자기도 함께 갈 수 있느냐고 물었고, 패트리샤는 흔쾌히 승낙했다.

다음 날 아침, 나와 동행할 한국인 디자이너가 일찍부터 호텔로 나를 찾아왔다. 그녀와 나 그리고 내 딸 민경이, 이렇게 셋이서 패트리샤의 집으로 향했다. 패트리샤는 전날보다 더 우리를 반갑게 맞아주었다. 우리가 두리번거리며 거실 여기저기를 구경하자 그녀는 신이 난듯 자신의 집 구석구석을 안내해주었다. 그녀의 침실은 너무나 예술적이었다. 그녀의 자유로운 영혼을 상징적으로 보여주는 아주 멋지고 감각적인 공간이었다.

그런데 집을 다 둘러보고 테이블에 앉자마자 자신이 가장 아끼는 와인을 권하는 게 아닌가. 아침 열 시에 와인을 권하는 그녀가 참 인상적이었다. 우리는 이야기를 나누는 내내 마치 십대 소녀들처럼 깔깔대며 웃었다. 패션의 아이콘으로 불리는 그녀는 내가 만든 한복의 색감과 실루엣을 참 좋아했다. 한복을 짓는 나 역시 영화와 드라마를 통해 본 그녀의 감각에 진심으로 감탄했다. 우리는 그렇게 서로의 옷과 감각을 좋아했고 영감을 얻고 있었다.

우리를 직접 집으로 초대해준 패트리샤. 그녀와 나는 서로의 옷과 감각을 좋아했고 영감을 얻었다.

한껏 기분이 좋아진 그녀는 우리를 집 바로 옆에 위치한 자신의 숍으로 이끌었다. 숍에 들어선 순간, 우리는 너무나 놀랐다. 맨몸에 노란색 팬티스타킹만 입은 남자들이 그녀에게 인사를 건넸기 때문이다. 그들은 숍의 디자이너들이었다. 너무 충격적이었지만 패트리샤다운 '파격'이라는 생각이 들어 거부감이 들지는 않았다.

숍은 그야말로 패트리샤의 예술세계 그 자체였다. 우리는 마치 시계를 든 토끼에 이끌려 이상한 나라에 들어선 앨리스 같았다. 그녀의 숍을 구경하느라 시간 가는 줄도 몰랐다. 그녀는 민경이가 자신의 딸처럼 느껴졌는지 자신이 아끼는 오브제들을 민경이

109

에게 선물로 주었다. 그녀만큼이나 만남의 추억도 강렬했다. 한
국에 돌아와서도 종종 그녀가 생각났다. 그러다가 그녀가 내 쇼
에서 인상 깊게 봤다던 왕의 갓을 하나 더 만들어서 선물로 보내
주었다. 우리는 서로를 응원하며 패션을 사랑하는 친구로서의 인
연을 계속 이어나가자고 약속했다.

아름다움을 알아채는 직관도
성실함에서 온다

"한복에는 정신, 어떤 스토리 같은 게 깃들어 있어요."

세계적인 스타일리스트 패트리샤 필드. 할리우드 영화의 예산
을 좌지우지할 정도로 영향력 있는 의상감독이기도 한 그녀가 우
리 문화에 빠져든 이유다. 패트리샤는 한복에서 느껴지는 '정신'
이 무엇인지 명확하게 설명하기는 어렵지만 작은 디테일 하나하
나에 이야기를 담고 있는 '스토리가 있는 옷'이라는 확신이 든다
고 했다. 나는 이 빨간 머리 스타일리스트에게 빠져들었다. 단박
에 우리 옷의 정수를 깨우친 그녀에게 기립박수라도 보내고 싶을
지경이었다. 나중에 그녀에 대해 더 깊이 알게 되자 더욱 마음에
들었다. 화려한 뉴욕 패션계의 여왕으로 군림하는 그녀는 늘 분
주하고 그만큼 성실한 것으로 유명했다. 항상 필요한 것보다 곱

절의 의상을 준비했고, 모든 프로젝트는 플랜 B는 물론 C와 D까지 마련해두는 철저한 프로페셔널이었다. 자유로운 영혼으로 속박없이 살 것처럼 보였지만 약속과 신뢰를 무엇보다 중요하게 생각하는 사람이었다.

나는 그 대목에서 그녀의 성공 비결을 찾아냈다. 아침 10시에 와인을 권하고 계획에도 없어 보이는 초대를 하는 사람이었지만, 일에 관해서는 그 누구보다 냉철하고 집요할 정도로 계획적인 사람이었다. 그랬기 때문에 자신의 시간을 마음대로 경영할 수 있었던 것이다.

나는 실력이 좋아도 게으른 사람은 싫다. 시간 약속을 잘 안 지키는 것도 싫어한다. 그래서 '잘하는 것보다 중요한 것은 성실한 것'이라고 믿으며 살고 있다. 뭐든 열심히 꾸준히 하면 잘할 수밖에 없다. 내가 지금처럼 한복을 만들며 행복할 수 있는 것도 '성실과 약속'이라는 두 가지 덕목을 중요하게 여겼기 때문이다. 한눈팔지 않고 지금 하고 있는 것을 성실하게 해나가며 하루하루의 삶을 살다 보니 헛된 욕심이 들 겨를도 없다.

기품 있는 여자로
산다는 것

"무쇠도 갈면 바늘이 된다."는 말이 있다. 무쇠가 바늘이 되려면 얼마나 지극한 정성을 다해 갈고 연마해야 하겠는가. 그만큼 성실함으로 무장하면 못할 일이 없다는 뜻이기도 하다. 사람들은 돋보이게 성공한 이를 보면 그의 천재적 재능이 만들어낸 결과라 생각하지만, 사실 재능이 감당할 수 있는 부분은 한계가 있다. 정말 우리를 최고의 경지로 이끄는 것은, 집요한 성실함과 노력이다. 그리고 그것은 프로페셔널과 아마추어를 가르는 경계이기도 하다.

"대수 대수, 빨리 빨리. 지금!"

아수라장인 백스테이지에서 파장이 깊고 진한 목소리 하나가 들려왔다. 채시라였다. 〈조선의 왕, 뉴욕에 가다〉에서부터 왕후로 분해 한국 왕비의 카리스마를 보여준 그녀는 해피타트 자선패션 쇼 무대에서도 왕후를 맡기로 했고, 무대를 준비하며 낸 소리다.

대례복은 속옷까지 모두 챙겨 입고 나가야 하기에, 일찌감치 준비를 하고 있던 채시라는 계속 대수머리를 찾았다. 무게만으로 도 7킬로그램에 육박하는 중전 대례복의 머리 장식을 계속 씌워 놓기 미안했던 스태프들은 무대에 오르기 직전에 그녀의 머리에 올리려 한 것인데 채시라는 그것이 못내 탐탁지 않았던 모양이 다. 힘이 들더라도 미리 준비를 해두고 싶었던 것이다. 한 스태프 가 잔뜩 미안한 얼굴로 무릎을 굽힌 그녀의 머리에 대수를 씌웠 다. 한번 쓰고 나면 이마에 움푹 팬 자국이 남을 정도로 무거운 대수머리 장식을 쓰고도 채시라에게서는 기품 넘치는 왕후의 자 태가 흘러나왔다.

자신에게 딱 맞는 역할이라며 망가지는 배역에 흠뻑 빠졌던 〈착하지 않은 여자들〉을 끝으로 오랜만에 카메라 앞에 서는 것임 에도 왕후의 모습 그대로였다. 슛 사인이 있기도 전부터 쓰고 있 던 대수장식 때문에 뒷목이 뻣뻣할 텐데도, 금세 어우동의 옷차 림으로 갈아입고 뇌쇄적인 웃음을 흘린다. 클로즈업되는 채시라 의 화려한 미소에 500여 명이 넘는 관객은 찬사를 보냈다. 나는 다시 확인했다. '저 자태로 저렇게 고혹적인 웃음을 지을 수 있는

아름다운 자태로 고혹적인 웃음을 지을 수 있는
배우, 채시라.

배우가 또 어디 있겠나' 하고. 그리고 속으로 외쳐주었다. '정말, 왕후는 채시라 너 하나다!'

성실함은 탁월한 재능과
최고의 슬기를 넘어선다

〈조선의 왕, 뉴욕에 가다〉 쇼에서도 그녀의 근성은 여지없이 발휘되었다. 진찬례를 그대로 재현하는 퍼포먼스를 계획했던 터라 무거운 대수를 쓰고 30여 분은 족히 무대에 있어야 했다. 일반인이라면 머리 위에 잠시도 얹어놓지 못할 무게를 계속 쓴 채로 눈 하나 깜짝하지 않는 그녀는 왕비 그대로의 모습으로 꼿꼿했다. 그런 그녀를 보고 있자니 애가 타는 마음에 내 손에 땀이 쥐어졌다. 얼마나 아프고 힘들까 싶어 눈을 마주치기 어려웠고, 미안함과 고마움이 교차했다.

쇼가 끝나고 그 머리를 한 채로 각국의 사절단과 인사까지 나누는데 당장이라도 달려가 대수를 내려주고 싶었다. 이윽고 모든 순서가 끝나 무대 뒤에서 머리 장식을 내려놓았더니 웬만해서는 다시 올라오지 않을 것처럼 깊은 자국이 이마에 선명했다.

"애 많이 썼다. 나는 금방이라도 네가 쓰러질까 걱정돼서 죽을 뻔했어. 어떻게 그 시간을 말짱하게 견뎠니?"

안타까운 마음에 물었다.

"이 쇼에서만큼은 제가 한 나라의 왕비인 거잖아요. 지금 의식 중인데 왕비가 무겁고 힘들다고 대수를 내려놓을 수 있어요? 그럴 수는 없는 거죠, 선생님!"

질문이 무색하도록 즐겁고 유쾌하게 나오는 채시라의 답에 나는 할 말을 잃었다.

그녀는 늘 그런 식이었다. 자신의 역할에 한 치의 오차도 없이 최선을 다했고, 다른 것을 고려하거나 계산하는 배우가 아니었다. 역할에 몰입하고 진정성으로 연기하고, 그것으로 충분했다.

그녀의 그런 습성은 실제 생활에서도 다르지 않았다. 좋은 아내이자 훌륭한 엄마인 채시라는 아이의 교육과 남편 외조에 있어서도 무섭게 몰입하고 열중했다. 입시를 치르는 딸을 위해 새벽부터 밤늦게까지 직접 운전하고 도시락을 싸고, 공부하는 곁을 지켰다. 한번은 그런 그녀가 놀랍고 존경스러워 탄복하듯 말한 적이 있다.

"너는 엄마로서도 채시라구나. 어쩜 그렇게 성실하고 지극한 거니?" 했더니 왕후처럼 또 환하게 웃었다. 외양의 아름다움이 주는 것과는 다른 결이 고운 사람만이 내뿜는 화사함이 그녀의 얼굴을 빛나게 했다.

나는 최선을 다하는 성실한 사람들을 좋아한다. 최고의 술기를 가졌으나 성실하지 못한 사람은 절대로 따라 올 수 없는 사람들이다. 채시라는 이미 훌륭한 것을 많이 갖고 있음에도 늘 처음인 듯, 초보인 듯 최선에 최선을 다한다. 그래서인지 그녀의 곁에 있으면 함께 열정이 생기고 삶이 뜨끈해지는 것을 느낀다. 그것이 그녀가 가진 가장 좋은 에너지다. 좋은 기운은 주변 사람에게도 옮아가고, 그것이 모니터 밖 시청자들에게도 전해진다.

최고라는 것은 저절로 얻어지는 이름표가 아니다. 자신이 하는 일을 사랑하고, 부단히 노력할 때 비로소 그 이름에 다가갈 수 있게 된다. 채시라는 그런 측면에서 프로페셔널의 아이콘이라 불려도 부족함이 없다. 〈여명의 눈동자〉부터 시작된 투철한 직업정신은 배우, 모델이라는 일로 이어지면서 그녀의 치열함과 뜨거움을 더욱 깊어지게 했다. 그 지극한 정성과 성실함, 그것이야말로 최고가 지닌 최선의 재능이 아닐까.

아름다움 앞에선
누구든 가슴이 뛴다

"발레리나가 입을 한복 한 벌 지을 수 있을까?"

"발레리나가 입을 한복이요?"

강부자 선생님께 연락이 왔다. 발레리나 강수진 씨가 대통령에게 상을 받으러 가야 하는데 한복을 지어줄 수 있느냐고 하셨다. 선생님과 통화를 하면서 몸에 딱 달라붙는 발레복을 입은 강수진 씨의 모습이 떠올랐다. 생각해보니 그녀가 한복 입은 모습을 본적이 없는 것 같았다. 평생을 발레복만 입던 사람이 한복을 입으면 그 자태가 어떨지 그려봤는데, 이상스레 가슴이 두근거렸다. 한복을 입은 발레리나, 그 생경한 상상이 주는 흥분감이란. 발레리나에게 한복을 지어준 적이 없어서 더욱 호기심이 일었던 모양이다. 내가 그녀에게 한복을 지어주겠노라고, 기쁘게 대답했다.

발레리나와 한복의 만남,
감출수록 드러나는 아름다움의 역설

세상일에 둔감한 나이지만, 강수진 발레리나는 워낙 유명한지라 얼굴은 알고 있었다. 그러나 그녀에게 가장 잘 어울리는 한복을 지어주려면 그녀에 대해 좀 더 자세한 것을 알아야 했다. 강수진 씨가 발레를 하는 모습이 담긴 동영상과 사진을 오래도록 들여다봤다. 눈빛은 카리스마로 빛났고 연습으로 다져진 잔근육이 여린 몸을 단단하게 감싸고 있었다. 연기력이 돋보여 감정적으로 동화시키는 능력이 뛰어나다는 세간의 평가가 무엇을 말하는지, 그녀의 연기는 발레를 잘 모르는 내가 공명하기에 충분했다. 약속 날 새벽까지 그녀에 대한 생각을 떨칠 수가 없었다. 그래서였는지 강수진 발레리나와 만나는 바로 그 순간, 그녀에게 어울릴 만한 색과 소재가 번뜩 떠올랐다.

그녀에게서는 조심스럽게 예의를 갖추되, 당당함이 뿜어져 나오는 사람의 여유가 느껴졌다. 자신의 분야에서 최고의 경지에 오른 사람이 보여주는 치열함을 딛고 일어선 달관의 여유 같은 것이랄까. 전 세계가 주목하는 이 발레리나가 마음을 흠뻑 빼앗길 우리 옷을 해주고 싶다는 생각이 그 순간 내 맘을 달궜다. 매우 파격적인 결정을 내렸다. 기존의 한복 소재가 아닌, 색다른 옷감을 떠올린 것이다. 색도 채도가 높거나 강렬한 색동은 피하고 착 가라앉은 무거운 색으로 하고 싶었다. 그녀에게 내가 만들어줄 한복에 대해 설명했다.

"저는 평생 한복을 한 번도 입어본 적이 없어요. 이렇게 한복을 입게 될 줄은 미처 생각지 못했는데…. 걱정이네요, 한복이 잘 안 어울리면 어쩌죠."

한복이 자신에게 어울리지 않을 거라며 내내 걱정스러운 표정을 짓는 그녀에게 나는 걱정하지 말고 나만 믿으라고 했다. 내가 워낙 확신에 차서 얘기하자 그녀의 표정이 조금 밝아지는 것 같았다. 그녀의 한복을 만드는 일은 기존의 한복을 만드는 것과 달랐다. 패턴은 전통 그대로 했지만 소재는 현대적인 것을 쓰고, 치마도 발레리나에 맞게 스타일에 변화를 주었다.

완성된 한복을 강수진 씨에게 입혀보니, 두말할 것 없이 잘 어울렸다. 전통이 뿌리 박혀 있지만 줄기와 꽃은 전혀 다른 세계에서 온 것 같은 파격적인 색감과 스타일이 그대로 녹아들었다. 서양 무용을 하는 몸이라 동양적인 전통 옷이 맞지 않을 거란 막연한 편견은 그녀 앞에서 여지없이 깨졌다. 본디 아름다움의 정수란 서로 통하는 법이 아니든가. 그녀도 한복을 입어보더니 좋아

했다. 이런 옷은 처음이지만 아주 멋지고 아름답다며 황홀한 표
정을 지었다.

"한복은 드러내는 옷이 아니라 감싸는 옷이에요. 그래서 체형
이 비교적 덜 좋아도 웬만한 맵시가 난다는 말들을 하죠. 하지만
몸매가 남다른 사람이 입으니 또 다른 매력이 풍기네요. 지금 강
수진 씨처럼요."

강수진처럼 발레를 위해 태어난 듯 조형적인 어깨와 직선의
아름다움을 가진 발레리나가 한복을 입은 장면은 좀체 상상해본
적이 없다. 그런 그녀가 한복을 입고 움직이자 옷이 그녀에게 스
며들었다. 견고한 등솔, 긴장감으로 더욱 낭창하게 살아나는 소
매, 고고하게 곧추세운 깃에 풍성함이 곁들여져 더욱 유연한 치
마까지. 드러내는 옷이 아니라 감싸는 옷이라는 한복의 정의를
듣고 강수진 발레리나는 작은 움직임으로 몸을 여몄다. 아름다움
에도 정수가 있다면 그 순간 거기 있었다.

세계 무대에서 한복의 빼어난
아름다움을 알린 이하늬

미스유니버스 본선 무대 위에 이하늬가 황진이 저고리를 입고
올랐다. 많은 사람들이 그녀의 아름다움에 놀라는 것이 느껴질

정도로 그 무대만큼은 하늬가 주인공이었다. 화려한 기생의 가채를 머리에 올리고 속바지부터 켜켜이 보이는 치마를 풍성하게 조이고, 장구를 치며 웃는 하늬의 모습에는 압도적인 아름다움이 서려 있었다.

하늬와의 인연은 꽤 오래되었는데, 그녀의 어린 시절로 거슬러 올라간다. 삼촌 가게 단골이었던 하늬의 어머니는 하늬를 자주 데리고 다니셨다. 어릴 때부터 국악과 가야금을 전공했던 꼬마 하늬와 하늬 언니의 한복을 내가 지어주기도 했다. 국악과 가야금을 해서인지 한복을 입어내는 맵시가 보통이 아니었다.

하늬는 어릴 적부터 성실하고 심지가 단단한 아이였다. 삼촌과 나는 저 아이는 뭘 해도 성공할 거라는 말을 나누곤 했다. 그러던 어느 날, 하늬가 돌연 미스코리아 진으로 선발되더니 급기야 미스유니버스에도 진출한 것이다. 어린 시절부터 애정을 갖고 봐왔던 터라 마치 내 일처럼 기뻤다.

그러던 중 느닷없이 하늬에게 연락이 왔다.

"선생님, 저 부탁이 있어요. 미스유니버스 대회 무대에서 입을 한복 한 벌 지어주세요."

대회까지 보름도 남지 않은 상황이었지만, 하늬는 특별한 한복으로 세계에 한국의 위상을 떨치고 싶다고 말했다. 하늬가 세계 무대에 서는데 내가 도와주는 것은 당연한 일이었다.

보통 세계무대에 우리 한복을 보여줄 때는 궁중의상을 많이 입는다. 그러나 나는 미스유니버스라는 대회의 성격을 생각했다. 세계에서 가장 아름다운 여성을 뽑는 자리, 한마디로 미의 축제다. 그 자리에 걸맞은 한복을 입혀주고 싶었다. 물론 궁중의상도 아름답지만 화려함과 고혹적인 매력으로 사람들의 이목을 끌기에는 기생의 한복만 한 것이 없다고 판단했다. 당시로는 파격적인 생각이었다. 몇몇 사람들은 세계무대에 서면서 기생의 옷이 웬 말이냐고 딴죽을 걸기도 했다.

하지만 나는 생각이 달랐다. 기생은 웃음을 파는 여자가 아닌 시와 그림과 음악과 춤의 멋을 아는 예술가였고, 그러하기에 기생들의 옷은 화려하고 매력적일 수밖에 없다. 그런 내 생각에는 흔들림이 없었다. 기생의 옷이라면 세계인들의 마음을 사로잡을 수 있을 것이라는 확신이 섰다. 나는 하늬에게 빨간 수가 새겨진 강렬한 색의 저고리를 만들어주었다. 황진이가 드라마 절정 부분에 입었던 저고리와 디자인의 궤가 같았다.

내 예상대로 황진이의 저고리를 입은 하늬는 눈부시도록 아름다웠다. 서구적인 체형과 이목구비에도 불구하고 워낙 어려서부터 한복을 일상복처럼 입었던 터라 몸이 한복과 하나가 되는 듯했다. 사진을 보니 옷도 아주 제대로 입고 있었다. 사실, 내가 만든 황진이의 옷은 예쁘게 입기가 매우 어렵다. 한복은 옷 자체로도 아름다워야 하지만, 어떻게 입느냐에 따라서도 맵시가 천차만별 달라진다.

내가 따라가 제대로 입혀주고 싶었지만, 외부인 출입이 어려운 대회라 그녀 혼자 해낼 수밖에 없었다. 하는 수 없이 대회 전에 하늬를 만나 한복 입는 법을 가르쳐주었다. 제한된 시간 안에 옷을 입어야 했기 때문에 쉽지 않았지만, 영리한 하늬는 옷 입는 법을 금세 배웠다.

미스유니버스 대회가 시작되었고, 다른 나라의 대표들이 각 나라의 전통의상을 입고 무대에 올랐다. 화려한 옷들이 많았다. 특히 멕시코의 전통의상은 많은 사람들의 시선을 끌었다. 그런데 내가 보기에는 다른 나라들의 전통의상에는 화려함은 있지만 단정함은 없어 보였다. 반면 한복에는 단정함이 있다. 조여주고 풀어주는 단아함과 고혹적인 선의 아름다움. 다른 나라의 전통의상에는 없는 한복만의 아름다움이다.

드디어 하늬가 황진이 저고리를 입고 무대 위에 올랐다. 여기저기 탄성이 흘러나왔고, 많은 사람들이 하늬에 아름다움에 놀라는 것이 느껴졌다. 그 무대만큼은 하늬가 주인공이었다. 기생의 화려한 가채를 머리에 올리고 속바지부터 켜켜이 보이는 치마를 풍성하게 조이고 장구를 치며 웃는 하늬의 모습에는 압도적인 아름다움이 서려 있었다.

국악을 하느라 어려서부터 한복을 입어온 하늬에게 한복은 너무도 익숙한 옷이었다. 게다가 그녀에게 한복은 그냥 옷이 아닌, 예술의 한 부분이기도 했다. 그렇게 일상성과 예술성이 혼재된

한복에는 단아함과 고혹적인 선의 아름다움이 있다. 다른 나라의 전통의상에는 없는
한복만의 아름다움이다.

그녀의 한복 입은 자태는 사람들을 사로잡기에 충분했다. 하늬는
아름다움을 뽐내는 자리에서도 우등생의 면모를 유감없이 선보
였다. 자신의 매력을 어필해야 하는 순간을 정확하게 알고 있었
고 주저함 없이 발산했다.

　나는 하늬에게 여러 벌의 한복을 싸주고는 행사 중에 어디에
가더라도 한복을 입고 가라고 했다. 다른 나라 대표들이 청바지
에 티셔츠를 입고 나가는 자리에서도 하늬는 한복을 입었다. 그
것은 좋은 전략이었다. 평범한 의상을 입은 대표들 속에서 하늬
는 단연 돋보였고, 카메라는 그녀를 좇기 바빴으니 말이다.

　브라질에서 시장이 주최한 파티에도 하늬는 한복을 입고 갔다. 흔하게 널린 드레스들 사이에서 그녀의 한복은 눈에 띄었고, 세계 언론이 하늬와 하늬가 입은 한복에 주목했다. 하늬가 1등을 할 거란 기사가 쏟아져 나온 것과 달리 하늬는 4등을 했다. 예상과는 다르게 일본대표가 1등을 수상한 걸 둘러싸고 말들이 있었다. 그리고 모두들 하늬가 1등을 하지 못한 것에 의아해했다.

　그러나 4위도 값진 결과였다. 그리고 전통의상상을 받았다는 것으로 우리 모두 기뻐했다. 무엇보다 세계에 하늬와 한복의 아름다움을 알리게 된 것이 가장 큰 수확이었다. 미스유니버스 대회에서 황진이 옷을 입고 아름다운 미소를 짓던 이하늬의 모습, 그녀가 옷과 혼연일체가 되어 보여준 아름다움은 영원히 사라지지 않을 것이다.

한복 입은 자태를 보면
우아함의 격을 알 수 있다

삼촌에게서 전화가 걸려왔다. 빨리 TV를 켜서 KBS를 틀어보라고 하셨다. 무슨 일인가 싶어서 수화기를 든 채로 TV를 켜자, KBS국악대상을 방송하고 있었다. 삼촌은 화면에 잡히는 여자아이를 잘 보라고 하셨다. 청순하지만 촌티 나는 얼굴에 삐딱한 가르마를 타고 엄마 한복을 빌려 입고 나온 듯한 아이였다.

"저 아이가 바로 우리가 찾던 아이다. 어때? 놀랍지?"

수화기 너머로 삼촌의 흥분한 목소리가 들려왔다.

당시 삼촌과 나는 우리가 만드는 한복을 맵시 있게 입어줄 모델을 찾고 있었는데, 좀처럼 마땅한 사람이 나타나질 않았다. 처

음에는 촌티 나는 아이에게 삼촌이 왜 그렇게 관심을 보이는지
이해가 가지 않았다. 그런데 참 신기했다. 보면 볼수록 그 아이에
게서는 옛 여인의 고전적인 아름다움이 배어 나왔다. 꾸미지 않
은 있는 그대로의 아름다움. 그것이 바로 삼촌과 내가 찾고 있는
한복 모델의 조건이었다.

　다음 날, 삼촌이 KBS에 연락해서 그 아이의 신원을 알아내셨
다. 명창 김소희 선생님의 제자인 오정해라고 했다. 아마 아이가
입고 나온 한복은 김소희 선생님의 한복이었을 것이라고 나와 삼
촌은 추측했다. 우리는 방송국에서 받은 주소를 가지고 김소희
선생님을 찾아갔다. 삼촌은 선생님께 정해를 한복 모델로 쓰고
싶다는 말씀을 드렸지만, 김소희 선생님은 탐탁지 않은 제안이라
며 고개를 저으셨다. 정해가 판소리를 그만 두고 다른 길로 빠질
것을 우려하신 것이다.

　그러나 삼촌의 간곡함도 만만치 않았다. 그 간절함이 마음을
움직였던지, 결국 김소희 선생님께서는 허락을 해주셨다. 그 뒤
로 정해는 허영한복의 모델이 되었다. 정해는 삼촌의 한복을 완
벽하게 소화했다. 삼촌의 안목이 적중했던 것이다.

　그렇게 우리의 인연은 이어졌다. 정해가 대학교 2학년일 때일
것이다. 삼촌은 갓 스무 살을 넘긴 정해를 남원 춘향제에 참가하
도록 했다. 남원까지 함께한 삼촌이 정해의 머리까지 직접 빗기
고 정성스레 다듬어 무대에 올렸다. 삼촌과 내가 신경 써서 만든

한복을 입은 정해는 춘향이 그 자체였다. 그녀가 한복을 입는 순간, 정해가 미스춘향으로 선발될 것이라는 강한 확신이 들었다. 우리의 예상대로 정해는 그해의 춘향이 되었다. 삐딱한 가르마를 타고 촌스러운 옷을 입고 TV에 나왔던 아이가 자라 남원은 물론이고 대한민국을 떠들썩하게 한 춘향이가 된 것이다.

옷은 그 사람의
진가를 담아 표현한다

한복 입은 정해의 아름다운 모습은 나와 삼촌뿐 아니라 많은 사람들의 마음을 사로잡았다. 임권택 감독님도 그중 한 사람이다. 당시 임권택 감독님은 조정래 선생님의 《태백산맥》을 영화화하기 위해 캐스팅을 하고 계셨다. TV로 미스춘향 선발대회를 지켜보시던 임권택 감독님은 함께 TV를 보던 제작진들에게 저 아이가 춘향이가 되지 않더라도 내 영화에 꼭 출연시키고 싶다는 말씀을 하셨다고 한다.

임 감독님 역시 김소희 선생님을 찾아뵈었다. 그러나 김소희 선생님께서는 나와 삼촌이 부탁했을 때보다 훨씬 더 완강하게 임 감독님의 부탁을 거절하셨다.

"정해는 100년에 한 번 나올까 말까 한 목소리를 가진 아이예

오정해는 한복을 사랑할 뿐만 아니라 내면이 아름다운 사람이기에 한복 입은 모습이
누구보다 빛난다.

요. 그 아이는 소리를 해야 합니다. 영화 같은 것을 찍으면서 헛바람이 들어서 안 돼요."

김소희 선생은 딱 잘라 거절했다.

"선생님, 이번에 함께 찍을 영화가 바로 소리 하는 영화예요."

어떻게든 정해를 영화에 출연시키고 싶었던 임권택 감독은 이렇게 둘러대셨다고 한다.

소리를 하는 영화이니 정해에게도 도움이 될 거라는 오랜 설득 끝에 마침내 김소희 선생님은 정해의 영화 출연을 승낙하셨고 그렇게 해서 임 감독님의 대표작 〈서편제〉가 탄생했다. 또 서편제의 오정해가 탄생되는 순간이기도 했다.

한복 하는 사람이라면 모두들 정해에게 한복을 입혀보고 싶어 했다. 정해는 한복을 위해 태어난 사람처럼 맵시를 타고 났기 때문이다. 쪽을 진 두상이며 어깨에서 떨어지는 고운 선까지. 정해가 한복을 입으면 옷과 사람이 하나처럼 보인다. 오정해의 한복 맵시가 훌륭한 것은 단순히 외모와 체형 때문만은 아니다. 그녀가 한복을 소중히 하는 마음, 그 태도가 고스란히 한복에 나타나기 때문에 아름다운 것이다. 한복은 사람을 나타낸다. 역설 같지만 한복은 껍데기 속의 진짜 사람을 드러낸다. 아무리 우아와 고상을 떨어도 그것이 가식이면 금세 드러나는 것이다. 한복은 척하는 것을 용납하지 않으며, 내면에 진짜 단아한 아름다움을 지니고 있는 사람만을 받아들이고, 고스란히 표현해준다. 정해는

한복을 사랑할 뿐만 아니라 내면이 아름다운 사람이었기에, 한복
입은 모습이 누구보다 빛났던 것이다.

삼촌이 세상을 뜨기 직전, 정해에게는 내가 직접 부고를 전했
다. 삼촌의 부재는 그녀에게도 큰 충격이었을 것이다. 정해에게
삼촌은 아버지나 다름없는 존재였으니 말이다.

"선생님, 마음이 허전한데 채울 길이 없어요."

"그 마음 나도 알지. 하지만 어쩌겠니. 소리 공부도 좋고, 사람
공부도 좋고… 뭐든 배워서 허전함을 채우는 것도 도움이 될 거
야." 그리고 가르치는 사람이 되면 좋겠다고 말했다. 내 말 때문인
지는 몰라도 정해는 다시 머리로 내는 소리를 공부하기 시작했
다. 지금은 교수가 되어 학생들을 가르치고 있다.

그러던 어느 날, 정해가 찾아왔다. 하고픈 말이 있는데 꺼내기
가 조심스러운 눈치였다. 내가 재촉하자 어렵게 말을 꺼내놓았다.

"선생님, 저 딱 한 번만 더 임 감독님 영화를 찍고 싶어요."

그때 임 감독님은 99번째 영화인 〈하류인생〉을 찍고 계셨고,
내가 의상을 담당하고 있었다. 정해는 직접 감독님을 찾아가 말
씀드리기가 겁이 났던 모양이다. 어떻게든 정해가 임 감독님과
영화를 다시 할 수 있도록 도와주고 싶었다. 옷가지와 먹을 것을
싸 들고 촬영장으로 향했다. 나를 반갑게 맞아주시는 임 감독님
을 붙잡고 물었다.

"감독님은 99편의 영화를 만들면서 수많은 배우들을 만나봤잖

아요. 그중 최고를 꼽으라면 누굴 꼽으시겠어요?"

임 감독님이 정해를 꼽을 거라는 확신을 가지고 던진 질문이었다.

"아… 그래도 오정해지."

내 예상처럼 감독님은 망설임 없이 답하셨다.

그 말에 용기를 얻은 정해는 만반의 준비를 했다. 그리고 임권택 감독님과 함께하는 두 번째 영화이자, 임 감독님의 100번째 영화의 여주인공이 되었다. 그 영화가 바로 〈천년학〉이다. 그 작품 역시 내가 의상을 맡았다.

국악대전부터 〈서편제〉, 〈태백산맥〉을 거쳐 〈천년학〉, 그리고 오늘까지 이어지는 정해와의 인연이 가끔 신기하게 느껴진다. 우리는 어떤 인연으로 맺어져 있던 걸까? 어떤 끈으로 연결되어 있기에 그토록 많은 작품을 함께할 수 있었을까? 정해를 생각할 때마다 나는 운명과도 같았던 우리의 끌림과 만남, 그리고 지속되는 인연에 대해 생각하게 된다.

세월이 흘렀지만 오정해는 여전히 예쁘다. 한복을 입으면 더 예쁘고 한복을 입고 소리까지 하면 깜빡 넘어가게 아름답다. 나는 오정해의 한복 안에 감춰진 아름다움을 가장 많이 본 사람으로서 그녀의 어여쁨이 세상에 더 많이 보여지길 원한다. 한국의 전통적인 아름다움으로 채워진 그녀의 매력이 꽃향기처럼 은은하게, 그러나 널리 퍼져나가기를 말이다.

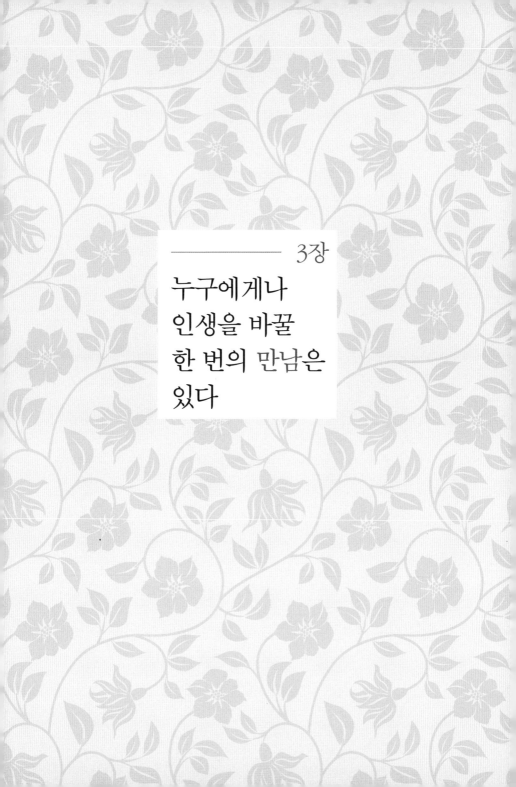

3장

누구에게나
인생을 바꿀
한 번의 만남은
있다

한 분야에서 일가를 이룬 사람은
어떤 경지에 이르는 것이 아닌가 싶다.
그것은 사회적인 성취나 성공, 명예의
획득과는 사뭇 다른 지점의 그 무엇이다.
그래서 어떤 고결함 같은 것마저 느껴진다.

법정 스님이 주신 인생의 화두,
'나는 어디에서 왔는가'

"스님, 한복 하는 김혜순입니다."

병실에 누워 계신 법정 스님께 인사를 드렸다. 스님께서는 가까이 오라는 듯 고개를 움직이셨다. 나와 운산이 스님 곁으로 가까이 가자, 스님께서는 운산의 손을 꼭 잡으셨다. 그리고 다음 날 입적하셨다. 내가 본 법정 스님의 마지막 모습이었다.

법정 스님과의 만남은 찰나처럼 짧았다. 하지만 스님은 내게 더없이 큰 존재다. 나는 평생토록 스님이 말씀해주신 "나는 어디에서 왔을까." "어디에서 와서 어떻게 살고 있는 것일까." 하는 질문에서 놓여날 수 없을 것이다. 지금도 나는 스님이 주신 화두를 내 삶의 질문으로 여기고 가슴 속 깊이 되새기며 살고 있다.

내 인생의 화두를 얻은
법정 스님과의 첫 만남

스님과의 인연은 내 나이 스물두 살 때로 거슬러 올라간다. 어느 청명한 가을날, 나는 선후배들과 순천 조계산으로 등산을 간적이 있다. 그날 나는 스님을 잠깐 뵈었다. 새벽 등산을 나선 우리 일행은 한참을 걸었고, 어느새 날이 밝아왔다. 그런데 한참을 가다 보니 '입산 금지'라는 푯말이 떡 하니 서 있는 게 아닌가. 무작정 길만 따라서 올라가던 우리는 헛웃음만 나왔다. 일단 허기진 배부터 채우기로 했다. 준비해간 도시락을 펴고 막 한 숟갈 뜨려던 순간, 누군가의 인기척이 들렸다. 깜짝 놀라 고개를 돌려보니 스님 한 분이 산 위에서 내려오고 계셨다.

이상한 길로 멋대로 들어왔다고 행여 꾸지람을 듣진 않을까 걱정이 되었다. 그러나 스님께서는 우리에게 반갑게 인사를 건네셨다. 마음이 놓인 우리는 스님께 간식을 함께 드시지 않겠느냐고 여쭸다. 스님은 흔쾌히 '그러마' 하시며 고구마와 과일 등을 함께 드셨다. 스님은 우리가 올라온 길은 험하니 다른 길로 돌아가라며 상세하게 길을 가르쳐주셨다. 감사의 인사를 하고 돌아서려던 찰나, 스님께서 나를 불러 세우셨다.

"간식도 잘 얻어먹었으니 내 자네에게 선물을 하나 주겠네."

"네? 선물이요?"

"자네에게 '화두'를 하나 주겠네."

"스님, 화두가 무엇인가요?"

"항상 나 자신이 어디서 왔는지를 생각하게나."

스님께서는 도통 무슨 소리인지 모를 말과 인자한 웃음을 남기시더니 내려오신 그 길로 다시 되돌아가셨다.

당시 나는 스님의 말씀도, 스님과의 만남도 대수롭지 않게 생각했다. 시간이 많이 흐른 어느 날부터 갑자기 그 스님과의 만남이 떠올랐다. 항상 '나 자신이 어디서 왔는지'를 생각하라던, 수수께끼 같은 말을 남기고 사라지신 스님. 그 분은 왜 나에게 그런 말씀을 주신 것일까? 힘든 시기를 보내고 있던 내게 그 생각은 좀처럼 머릿속에서 사라지지 않았다.

어느 날 TV를 보던 중 익숙한 절의 모습이 눈에 들어왔다. 송광사였다. 이어서 화면에 스님 한 분의 모습이 잡혔는데 법정 스님이 아닌가. 스님의 책 속에서 스님 사진을 봤기에 얼굴을 어렴풋이 기억하고 있었던지라 놀라지 않을 수 없었다. 불현듯 송광사에서 만난 수수께끼 스님이 떠올랐다. 워낙 오래된 일이라 그 스님의 얼굴이 명확하게 떠오르지 않았지만 법정 스님 모습 위로 그때 그 스님의 얼굴이 겹쳐졌다. 무언가 익숙한 느낌이 들었다.

나는 그 후로 법정 스님이 내가 전에 뵈었던 수수께끼 스님이라
고 막연하게나마 생각하게 되었다. 그래서인지 법정 스님만 떠올
려도 위안이 되었다.

꿈속에서라도
만나고 싶었던 스님

내 머릿속에는 법정 스님을 뵙고 싶다는 생각이 떠나지 않았
다. 그러던 중 기회가 찾아왔다. 스님과 가깝게 지내는 운산과 친
해지게 된 것이다. 오래 전에 여행사를 했던 운산은 스님들을 모
시고 이곳저곳을 돌아다니는 것을 좋아했는데 그때 마침 법정 스
님과도 인연을 맺게 되었다고 한다. 운산이라는 법명도 법정 스
님이 직접 지어주신 뜻 깊은 이름이었다. 운산은 법정 스님이 각
별히 아끼던 사람으로 늘 곁에서 스님을 뵙고 있었다. 나는 운산
에게 법정 스님을 뵙게 해달라고 부탁했다.

그러던 어느 날, 스님을 뵐 행운이 찾아왔다. 프랑스 파리의 길
상사에 법정 스님을 모시고 갈 일이 생긴 운산이 스님을 찾아뵐
때 동행하자고 연락을 해왔다. 절에는 법정 스님의 얼굴을 한번
이라도 보고 싶어 찾아온 신도들로 북적거렸다. 나는 운산을 따
라 스님이 계신 곳으로 들어갔다. 스님과 눈을 마주친 나는 깜짝

놀랐다. 스님의 형형하게 빛나는 눈빛에서 어릴 때 외할머니의
모습을 봤기 때문이다. 스님께 큰절을 올리니 스님은 내게 이렇
게 물으셨다.

"한복 하신다고 했죠?"

"예, 스님."

"우리 중들이 입고 있는 이 옷에 대해 생각해본 적 있소?"

스님의 질문에 마치 박하사탕을 먹은 듯이 싸한 기운이 몸에
흘렀다.

"예? 스님. 예…."

나는 당황스러웠다. 전혀 생각지도 못한 질문에 꿈속인 양, 술
에 취한 듯 주저리주저리 말을 늘어놓았다.

"스님들의 옷이 옷입니까? 그냥 걸치는 거지요. 특별한 디자인
도 없습니다."

"아, 그렇군요…. 그러면 우리 중들이 입고 있는 이 옷 색깔을
어떻게 생각합니까?"

"예, 스님. 그건 색도 아니지요. 이것저것 막 섞으면 나오는 색
이 회색입니다."

내 말이 틀린 건 아니었지만 지나치게 솔직한 말이었다. 스님
께서는 나를 지그시 쳐다보셨다. 나는 부끄러워서 얼른 고개를
숙였다. 그토록 뵙고 싶었던 덕 높은 스님 앞에서 왜 그처럼 말
이 쏟아져 나왔는지 모르겠다. 그날 스님은 수많은 사람들 속에

서도 유독 나에게 관심을 보이시며 질문을 이어가셨다. 나는 무언가에 홀린 듯 스님 앞에서 겁 없이 내 생각을 말했는데 순간, 나 자신도 놀랄 정도였다. 하지만 나는 적어도 스님 앞에서 거짓말을 하거나 말을 꾸며내진 않았다는 생각이 들자 이내 마음이 편해졌다.

그 만남 이후, 정신없이 일을 해내느라 5년이라는 시간이 훌쩍 지나가버렸다. 그런데 다시 법정 스님을 뵙게 되었다. 두 번째 만남은 내 꿈에서 이루어졌다. 꿈속에서 나는 운산과 함께 방이 두 개 붙어 있는 공간 안에 있었다. 그곳에는 법정 스님과 행자로 보이는 남자가 서 있었다. 그 방 한쪽 구석에는 유리 상자가 있었고 그 안에 마고자 단추 두 개가 놓여 있었다. 반짝반짝 기분 좋은 빛을 발하는 탐스러운 단추였다. 나는 스님과 인사를 나누는 와중에도 그 단추에서 눈을 뗄 수 없었다. 그 탐스러운 단추를 가지고 싶었지만 차마 스님께 말씀 드릴 수 없어서 애만 태우다가 방에서 물러나왔다.

운산에게 그 단추가 너무나 탐났다고 하니 운산이 다시 방 안으로 들어가는 게 아닌가. 깜짝 놀라 따라 들어갔다. 스님은 고개를 끄덕거리시더니 행자로 보이는 남자에게 눈짓으로 단추를 가져오게 하셨다. 그러고는 내 손에 쥐어주셨다.

하도 기이해서 운산에게 전화를 걸어 꿈 내용을 자세하게 이야기해줬다. 내 이야기를 들은 운산은 깜짝 놀랐다. 외국에 나가

있다가 어제 돌아왔는데 마침 스님께서 많이 편찮으셔서 병원에
입원해 계시다는 소식을 들었다는 것이다. 운산은 나에게 자신과
함께 스님이 계신 병원에 찾아가보자 했다.

스님을 뵙기 위해 기다리는 동안 방을 둘러보니 꿈에서 본 방
과 비슷했다. 운산에게 그 이야기를 하고 있는데 한 남자가 들어
왔다. 나는 그 남자의 얼굴을 보고 기겁했다. 꿈속에 나온 행자와
비슷했기 때문이다.

더 겸손하게, 더 낮게 살라는
스님의 가르침

스님께서 입적하신 다음 날, 운산에게서 전화가 왔다. 스님을
절로 모시는 길에 함께 가지 않겠느냐는 것이었다. 자정에 병원
에서 대형 버스 19대가 송광사로 출발을 하니 그쪽으로 오라고
했다. 나는 스님이 가시기 전에 뵌 것으로 족하다고 생각해서 거
절했다. 그런데 그 밤에 또 꿈을 꿨다.

법정 스님께서 마당에서 허리를 기역자로 굽히시고 돌을 줍고
계셨다. 그때 내 눈 앞에 갓을 쓴 남자가 나타나 자꾸 내 앞을 가
렸다. 나는 고개를 이리저리 돌리면서 스님을 보려고 했지만 갓
을 쓴 남자가 내 시야를 가로막았다.

잠에서 깨자마자 운산에게 전화를 걸어 바로 버스가 있는 곳으로 가겠다고 했다. 절에 도착해 길을 걷는데 처음 와본 것 같지가 않았다. 곁에 있는 사람에게 이곳이 어디냐고 물었더니 젊은 시절 스님께서 공부하시던 곳이라고 했다.

역시나 그랬다. 내가 어릴 적 만났던 수수께끼의 스님은 바로 법정 스님이었다. 먼저 도착해 있던 운산을 찾아가니 스님께서 그곳에 안치되어 계시다고 했다. 다비식은 대웅전 앞이 아니라 조그마한 공터에서 열렸다. 나는 멀리서 그곳을 바라보고 있었는데 많은 사람들에게 밀려 조금씩 스님들이 계신 곳으로 가까이 가게 되었다.

다비식장은 슬픔 그 자체였다. 많은 사람들이 눈물을 흘리며 '나무아비타불 나무아비타불…' 구슬프게 읊었다. 하지만 나는 전혀 슬프지 않았다. 그때, "스님 불 들어갑니다." 하는 소리와 함께 다비식이 시작됐다. 그때부터는 나도 하염없이 눈물을 흘렸다. 스님의 질문에 대답할 때의 그 싸한 느낌이 온몸을 감쌌다. 나는 합장을 하면서 길게 울었다.

스님의 다비식 이후, 나는 다시 태어난 것 같은 느낌을 받았다. 법정 스님과의 만남과 헤어짐에서 나는 '떠날 때를 즐길 수 있는' 마음을 얻게 되었다. 하지만 여전히 스님이 주신 화두의 정답을 찾지 못하고 있다. 스님은 분명히 깨달아야 할 무언가가 있기에 그런 화두를 주셨을 것이다. 나는 구태여 알아내려 애쓰는 대

신 그저 더 겸손하게, 낮게 살아야겠다는 생각의 끈을 더 단단히
바투 잡으려고 노력할 뿐이다.

도올 선생님이 내준
인생의 과제
'탐착을 내려놓는 법'

"도올 선생의 옷을 해드리고 싶구나."

도올 선생님의 TV 강의를 보던 허영 삼촌은 대뜸 이렇게 말씀하셨다. 항상 똑같은 두루마기를 입고 강의하는 도올 선생님의 옷이 영 마뜩치 않아 보였던 것이다. 내가 보기에도 선생님은 남의 옷을 입고 있는 것 같았다.

"저 분은 목을 깃으로 감싸면 좋겠다. 배래 수구가 조금 작으면 좋겠어."

내 생각도 삼촌과 똑같았다. 평소 도올 선생님의 강의는 빼놓지 않고 챙겨볼 정도로 선생님을 좋아했던 나는 늘 선생님의 한복이 안타까웠다. 하지만 도올 선생님을 어떻게 만나야 할지 몰랐다. 당시 병상에 있던 삼촌은 자신이 못하면 나라도 기회가 될 때 꼭 선생님의 옷을 꼭 맞춰드리라고 당부했다.

어느 날, 도올 선생님의 누님이 김숙희 장관이라는 사실을 알게 되었다. 김숙희 장관님은 나와 가깝게 지내는 유희경 박사님과 절친한 사이였다. 나는 유 박사님께 도올 선생님의 옷을 지어드릴 수 있게 연결해달라고 부탁했다. 하지만 누이가 연락해도 오지 않는 고집불통 동생이라며 도움을 주지 못해 미안하다고 하셨다.

사람을 배려하는 것이란
무엇인가

이후에도 나는 여전히 도올 선생님의 강의를 열심히 찾아 들었고, 선생님 옷을 지어드리고 싶다는 생각을 잊지 않고 있었다. 간절히 바라면 이루어진다고 했든가. 선생님과의 만남은 우연하게 이루어졌다.

한국복식학회의 회장님인 정흥숙 교수님께 전화가 왔는데 도올 선생님께서 한복 하는 사람이 있으면 소개시켜 달라고 물어보셨다는 게 아닌가. 나는 내 귀를 의심했다. 나는 꼭 내가 선생님의

147

옷을 지어드리고 싶다고 말했다. 교수님께서는 도올 선생님이 굉장히 까다로우신 분이라 잘못하면 되려 크게 혼이 날 거라고 걱정하셨다. 나는 자신 있으니 걱정 마시라고 말씀드렸다.

드디어 도올 선생님이 내 가게에 오신다는 전화를 주셨다. 나는 선생님이 언제 찾아오실지 몰라 매일같이 가게를 정돈하고 두근대는 마음으로 기다렸다. 하지만 몇 달이 지나도 오시지 않았다. 그러던 어느 날, 내가 동덕여대에서 큰 행사를 하고 있을 때였다. 가게 직원이 다급한 목소리로 전화를 해왔다. 지금 가게에 도올 선생님께서 와 계신다는 게 아닌가. 부랴부랴 행사를 마치고 가게로 향했다. 도올 선생님을 처음 뵐 때는 단아하게 한복을 차려 입고 절을 드리려고 했는데 그날 하필이면 화려한 드레스를 입고 있어 절도 드리지 못했다. 선생님은 처음 만난 나를 마치 오래 된 친구처럼 편안하게 대해 주셨다.

"선생님, 방송에서 뵐 때마다 언젠가는 꼭 한 번 선생님께 제대로 된 한복을 지어드리고 싶다는 생각을 하고 있었습니다."

"그래, 내게 어떤 옷을 만들어주고 싶은가?"

나는 오래 전부터 선생님 옷을 짓기 위해 구해놓은 옛날 무명을 꺼내 보여드렸다.

"아하, 내가 찾고 있던 게 바로 이런 거야."

선생님은 한복을 몇 벌이나 가지고 계셨지만 하나같이 번들거리는 옷감인 탓에 영 마음에 들지 않아 그냥 아버지의 두루마기만 입고 다녔다고 하셨다.

　나는 선생님 한복에는 색을 넣으면 안 된다고 생각했다. 왜소한 체구지만 강의를 할 때 펄펄 힘이 솟는 사람한테 색을 넣으면 어떻게 되겠는가. 그래서 선택한 옷감이 오래된 무명이었다. 무명은 혼이 담긴 옷감이다. 무명을 만들기 위해서는 목화솜에서 실을 빼서 무릎에다 올려놓고 침을 이용해 하나하나 이어야 한다. 그래서 무명은 내가 제일 아끼는 원단 중 하나라 돈을 받고도 팔지 않는다. 정말 입힐 사람들에게만 해주고 유물 복원할 때만 쓰는 옷감이다.

　선생님은 내가 지어드린 옷을 무척 좋아하시며 이불도 지어달라고 부탁하셨다. 선생님에게 이불은 '잘 때 덮고 자는 옷'이라고 하셨다. 나는 선생님을 위해 옛날 방식 그대로 이불을 만들었다. 다행히 선생님은 당신의 요구사항을 모두 만족시킨 이불은 어머님이 손수 지어주신 이불 다음으로 이것이 처음이라 하셨다.

　옷과 이불을 지어드리고 난 후 선생님과는 허물없는 사이가 되었다. 선생님은 여리고 순수하신 분이었다. 남에 대한 배려도 남달랐다. 한번은 선생님과 이야기를 나누다가 한복에 대한 선생님의 해박한 지식에 깜짝 놀란 적이 있었다.

　"아니, 선생님. 어떻게 한복에 대해 그리 많은 걸 알고 계세요? 한복 짓는 게 업인 제가 다 놀라울 정도예요."

　"내가 김혜순이 만들어준 한복을 입고 지내지 않나. 내 옷에 대해 자네와 이야기할 수 있을 정도는 알아야 하지 않겠나?"

선생님은 나를 만나면서 한복에 대해 관심을 갖고 관련 책들을 여러 권 읽으셨다고 했다. 나는 상대방을 배려하는 선생님만의 방식에 깊은 감동을 받았다. 상대를 위해 무언가를 양보하고 세심히 살피는 것만이 배려가 아니었다. 상대가 좋아하는 것, 열정을 갖고 있는 일에 깊은 관심을 기울여주는 것, 그것이야말로 진정한 배려인 것이다.

애착하고 탐하는 것을 내려놓으면 진정한 행복이 시작된다

한번은 선생님께서 선생님답지 않은 조용한 목소리로 내게 물으셨다.

"혹시 중고차 중에는 뭐가 좋은가?"

"선생님 중고차는 어쩐 일로 물어보세요?"

"내가 사정이 생겨 지금 타고 다니는 차를 못 타게 됐거든."

"선생님 그럼 새 차를 사시지 중고차는 왜요?"

"새 차는 비싸고 부담스러워서 그렇지."

마음 같아서는 선생님께 새 차를 한 대 사드리고 싶었다. 하지만 당시 내 상황도 그다지 좋지 않았다.

도올 선생님은 나를 만나면서 한복에 관심을 갖고 관련 책을 보셨다고 한다. 상대가
좋아하는 것, 열정을 갖고 있는 일에 관심을 기울여주는 것이 진정한 배려이다.

얼마 뒤, 선생님께서 이번에는 들뜬 목소리로 내게 전화를 하셨다. 사진작가인 딸 미루가 한국에서 전시를 하게 되었다는 것이다. 전시장에서 좋은 액자를 무상으로 제공해주겠다고 해서 고마운 마음에 선생님 그림 몇 점을 보내주셨다고 했다. 그런데 선생님의 그림을 받은 이가 그 그림으로 전시회를 열었다는 것이다.

선생님의 전시회가 열린 인사동에 가보니 이미 그림이 다 팔려버린 게 아닌가. 아쉬워하는 나를 위해 선생님은 미리 찍어둔 사진을 보여주셨다. 그림에 문외한인 내가 봐도 참 좋은 그림들이었다. 순간 내 머릿속에 한 가지 생각이 떠올랐다. 나는 선생님께 그림 좀 그려달라고 졸랐고, 선생님은 '안 될 게 뭐 있느냐'며 수 개월이 지난 후 그림 20여 장을 보내주셨다. 나는 선생님 그림으로 전시회를 열고 싶었다. 전시회를 통해 번 돈으로 선생님께 새 차를 선물해드리려 했던 것이다.

전시회가 열리기 전날, 선생님께서 찾아오셨다. 절대 기자들에게 전시회를 연다는 이야기를 하지 말라고 당부하시며, 종이에 글 하나를 적어서 보내주셨다. 그 종이에는 '나는 문인도 아니고, 화가도 아니고, 김혜순이 해달라고 졸라서 해준 것뿐'이라는 재미있는 문구가 적혀 있었다.

전시를 시작한 지 일주일도 안 돼 모든 작품이 팔려나갔다.

전시회 중에 한 번도 찾아오지 않으신 선생님은 전시회가 다 끝나고서야 오셨다.

"선생님, 그림이 모두 팔렸어요!"

선생님은 호방하게 웃으시며 좋아하셨다.

나는 선생님께 '이번 전시회에서 모은 돈으로 선생님께 새 차를 사 드리고 싶다'는 말씀을 드리고 싶었다.

그런데 다음날 선생님께서 전화를 주셨다.

"전시회로 모인 돈은 김혜순이 어려운 데 쓰도록 해."

나는 한참을 멍하게 서 있었다. 순간 내가 참 속이 좁은 사람이구나 싶었다. 선생님은 말씀 드리지도 않았던 내 개인적인 어려움을 어떻게 아셨을까. 나보다 훨씬 큰 생각을 품고 계신 선생님은 한참이나 위에서 나를 내려다보고 계셨던 것이다. 평생을 갚아도 다 못 갚을 마음을 받은 것 같아 한없이 감사했고 죄송했다.

도올 선생님과 함께 있으면 복잡하게 살 필요가 없다는 생각을 자주 한다. 선생님께서는 자기 앞으로 된 집도, 신용카드도, 휴대전화도 없다. 하지만 '부족하다'는 생각을 해본 적이 없다 말씀하신다. 선생님은 더 가지려고 애쓰는 법이 없다. 내가 해드린 옷이 해졌길래 새로 옷을 지어드리겠다고 하면 한사코 그럴 필요 없다고 하신다. 그래서 나는 선생님의 옷이 더러워지면, 다시 풀어서 빨고 삶고 풀칠하고 손 다듬이질을 해서 다시 지어드린다. 아마 선생님은 수의도 실컷 입으셨던 그 옷감으로 지으라 하실 것 같다.

선생님은 뭐든 있으면 좋아하는 사람들에게 나눠주시는 분이다. 당신이 운영하던 한의원을 제자에게 줄 정도다. 선생님을 곁에서 뵈면서 늘 해온 생각이 있다. 선생님에게는 인간의 탐착이라는 것이 없다는 점이다. 선생님이 욕심을 가지고 탐하시는 것은 손에 쥐어지지 않는 학문밖에 없다. 선생님은 몸소 가르침을 주신다. '탐하고 애착하는 것을 내려놓으면 무서울 것도 아쉬울 것도 걱정도 고민도 없다.'고 말이다. 나는 그런 선생님이 너무 존경스러워서 늘 선생님처럼 살고 싶다는 생각을 해왔다. 하지만 내 바람처럼 쉽지만은 않았다. 나는 선생님께 속상한 마음을 전했다.

"억지로 노력할 필요는 없어. 그냥 자기 방식대로 살면 되는 것이야. 그렇게 생각하고 살면 언젠가는 그렇게 살게 될 거야."

나는 늘 탐착을 내려놓는 것에 관해 고민하고 연습한다. 내 것, 내가 가질 것, 내가 지녔다 물려줄 것이라는 생각을 하지 않으려고 말이다. 그러다 보면 선생님의 말씀처럼 탐하고 애착하는 모든 걸 내려놓고 평온한 기쁨을 누릴 날이 오지 않겠는가.

임권택 감독님에게 배운
'열정을 잃지 않는 법'

임권택 감독님의 100번째 영화 〈천년학〉은 나에게도 참 특별한 영화다. 나뿐만 아니라 감독님의 영화에 다시 출연하게 된 오정해에게도 남다른 영화였다. 정해는 그 어느 때보다 열정적으로 촬영에 임했고 나도 온 마음을 담아 한복을 만들었다. 더욱이 영화의 원작이 이청준 선생님의 〈선학동 나그네〉가 아닌가. 이 영화에 대한 열의가 남다를 수밖에 없었다.

영화 촬영 중에 수많은 한복을 만들었지만 그중 가장 기억에 남는 한복은 정해가 매화밭에 앉아서 소리를 하던 때 입었던 옷이다. 홍매화 빛깔의 치마에 흰 저고리를 입은 정해는 그 자체가

임권택 감독, 이청준 원작의 영화 〈천년학〉은 나에게도 참 특별한 영화다.

한 송이의 꽃이었다. 촬영장에는 이청준 선생님께서도 나와 계셨는데 선생님은 그 장면을 오래토록 보시더니 나를 부르셨다.

"김 선생, 이리 좀 와보시오. 무슨 생각으로 옷을 저렇게 짓소?"

"나도 모르겠어요. 그냥 빠져가지고 하는 거지요 그냥."

그렇게 말해놓고 보니 너무 맥 빠지는 대답인지라 나도 선생님도 같이 웃었다.

'열정'은
가장 아름다운 삶의 태도다

임권택 감독님과 나의 인연은 삼촌이 감독님의 영화 〈서편제〉의 한복을 담당하면서부터 시작되었다. 당시 삼촌은 영화와 드라마 작업에 많이 참여하셨다. 나는 삼촌을 따라 옷 보따리를 짊어지고 촬영장에 가곤 했지만 임 감독님과 대화할 일은 별로 없었다. 〈서편제〉 이후로 삼촌은 임 감독님 영화 의상의 대부분을 도맡아 하게 되었다. 그런데 어느 순간부터 임 감독님은 삼촌의 옷 중 대부분이 내 손을 거친다는 것을 알게 되셨다. 그래서인지 삼촌이 돌아가신 뒤부터 내가 임 감독님 영화 의상을 자연스럽게 맡게 되었다.

늘 삼촌 뒤에서 그저 바라만 보던 임 감독님은 내 예상과는 다

157

르게 아주 소탈하고 순수한 분이셨다. 작업을 함께하면서 점차 편안한 사이가 된 감독님과의 인연은 〈천년학〉을 통해 더욱 공고해졌다. 오정해는 배우로, 감독님은 연출로, 나는 의상으로 각자 한 가지 목표를 향해 정신없이 빠져들고 있다는 것만으로도 전우애 같은 것이 생겼다.

"김혜순은 도대체 알 수가 없어."

하루는 뜬금없이 임권택 감독님이 이 말을 반복하셨다. 그러면서 나에게 오랜 친구 같아서 좋다고 하셨다. 한국 영화계의 거장, 산 역사라 불리는 감독님과 일상부터 예술, 영화 이야기까지 함께 얘기하다 보면 그 순수함에 놀라곤 한다. 감독님에게는 일체의 권위의식이나 거드름 같은 게 없다.

그 정도의 연륜과 경력이면 세상 모든 것에 해탈한 듯한 태도를 보이실 만도 하고, 실제로 그 반열에 오르셨을 텐데도 하찮고 작은 것 하나에도 진솔한 관심을 기울이고 또 배우려고 하신다. 끊임없이 탐구하고 새로운 것에 대해 호기심의 날을 세우고 있다. 게다가 천진난만하고 때 묻지 않은 감성은 주변의 사람들을 더욱 맑게 만들어주신다.

감독님 곁에서 가장 크게 놀라는 것은 감독님의 '현재 진행형의 열정'이다. 남들이 상상하기 힘들 정도의 몰입으로 자신의 일에 열정을 쏟는 삶의 태도에 언제나 고개가 숙여진다. 그리고 내 삶의 태도를 돌아보게 된다.

현재 진행형의 열정,
그 담금질이 만든 고결함의 정수

우리는 열정을 강요하고 있는 시대에 살고 있다. 그런데 진정한 열정은 무엇일까? 몰입의 순간이 열정일까? 자신의 일을 사랑하고 열심히 하는 것만으로도 열정적이라고 말할 수 있을까? 나는 그것으로는 열정을 설명할 수 없다는 것을 임권택 감독님을 통해 깨달았다.

〈천년학〉을 함께 하면서 다시 한 번 감독님의 열정에 탄복했다. 나는 누구보다도 내 일에 열정을 가졌다고 생각했지만, 감독님을 보면 나 역시 흉내에 불과했구나 하는 반성을 하게 된다. 아무것도 계산하지 않고, 어디에도 눈 돌리지 않고, 자신이 하는 일을 최고로 끌어올리기 위해 목숨 걸고 나가는 것. 그 정도가 아니라면 '열정적'이라고 쉽게 말해서는 안 된다.

감독님은 얼마 전에 102번째 작품 〈화장〉을 개봉했다. 1936년생. 우리나라 나이로 여든의 감독이 여전히 메가폰을 잡고 더 좋은 장면, 더 나은 영화를 위해 모든 것을 걸고 골몰하는 것에 숙연해지지 않을 사람은 없을 것이다. 한 분야에서 일가를 이룬 사람은 어떤 경지에 이르는 것이 아닌가 싶다. 그것은 사회적인 성취나 성공, 명예의 획득과는 사뭇 다른 지점의 그 무엇이다. 그래서 어떤 고결함 같은 것마저 느껴진다.

감독님은 나이도, 건강도, 영화사에서 차지하는 자신의 위치 같은 것은 아예 안중에 없는 분이다. 더 좋은 영화를 위해 오늘 열중해서 내일 더 좋은 영화를 만들 수 있다는 것 하나에 모든 것을 불태우고 계신다. 그래서 감독님을 뵙고 나면, 나는 마음이 한없이 뜨거워진다.

강부자 선생님이 해주신
'내 인생 최고의 조언'

"오늘 이 자리에 앉아 있는 사람들은 내가 죽는 날까지 함께하고 싶은 사람들입니다. 그중에서 김혜순은 오늘 나를 위해 많은 일을 했습니다. 늘 나를 엄마처럼 여겨주고 딸처럼 아양을 부리는 혜순이가 있어서 나는 참 좋습니다."

강부자 선생님은 당신의 생신 잔치에서 이런 말씀을 하셨다. 많은 사람들 앞에서 내 이야기를 하셔서 창피하기도 했지만 나를 아끼는 선생님의 진심이 느껴져서 가슴이 찡했다.

선생님은 허영 삼촌과 가까운 지인 중 한 분이었다. 삼촌과 같이 일할 때, 부끄럼 많았던 나는 대스타였던 선생님께 제대로 인

사도 드리지 못했다. 삼촌이 돌아가시고 난 뒤 우연히 한 음악회
에서 선생님을 다시 뵙게 되었다. 그냥 지나칠 수도 있는 순간이
었지만, 예전에 삼촌 한복을 좋아하시던 선생님의 모습이 떠올라
용기를 내서 선생님께 말을 건넸다.

　내가 허영 삼촌의 조카라고 말씀드리자, 선생님께서는 나를 알
아보시고는 손뼉을 치시며 반겨주셨다. 그 후로 선생님께서는 내
가게의 단골이 되어주셨고, 나의 어머니가 되어주셨다.

나의 또 다른 어머니,
강부자 선생님

　선생님은 친해지기까지 상당히 오랜 시간이 필요한 분이다. 나
도 처음에는 선생님의 완고한 분위기 때문에 쉽게 가까이 다가갈
수 없었다. 그러나 시간이 지날수록 선생님의 부드러운 마음씨에
반하게 되었다. 억지로 노력하지 않아도 자연스럽게 선생님과 가
까워질 수 있었다. 선생님은 쉽게 친해지기 힘든 분이셨지만, 한
번 친해지면 절대로 쉽게 멀어질 수 있는 분이 아니다. 자신이 아
끼고 사랑하는 사람들에게 누구보다 많은 관심과 애정을 보여주
시는 분이다. 비록 상대가 선생님께 좋지 못한 모습을 보여준다
하더라도 어머니 같은 넓은 마음으로 그를 따뜻하게 품어주신다.

마음을 나누는 순간 가족이 된다는 것을 알려주신 강부자 선생님.

나는 그런 선생님이 너무나 좋았다. 선생님을 엄마처럼 따랐고 선생님은 나를 딸처럼 예뻐해주셨다.

선생님께서는 항상 별 볼 일 없는 나를 더 값진 사람처럼 보이게 만들어 주신다. 오랜 지인들과 만나러 가는 자리에 자주 나를 부르시기도 하고, 이따금 따끔하게 애정 어린 조언도 해주신다. 선생님 주위에는 선생님처럼 한복을 좋아하는 사람들이 많다. 그러다 보니 지인들 중에는 내 가게의 손님인 경우가 종종 있고, 가끔 내 한복에 대해 혹은 내 가게에 대해 좋지 않은 말을 하실 때가 있다. 선생님은 그런 이야기를 들으시면, 가게로 찾아오셔서

"나는 다른 사람들이 김혜순에 대해 싫은 소리 하는 게 듣고 싶지
않다." 하시며 나를 꾸짖으신다.

특히 선생님은 나의 살갑지 못한 태도를 몹시 안타까워하셨다.
"장사하는 사람이 어찌 저리 장사꾼 같지 못할까, 저걸 어쩌면 좋
을꼬…." 하시는데 내 마음이 무너질 듯 아팠다.

엄마라고 부르지는 못하지만 그날로 선생님은 내게 엄마가 되
셨다. 선생님 역시 딸로 부르지 않는 딸처럼 나를 살갑게 챙겨주
셨다. 피와 살을 나눠야 가족이 아니라 마음을 나누는 순간 가족
이 된다는 것을 나는 선생님을 통해 알았다.

좋은 사람들을 만나는
인연의 법칙

나는 엄마를 여의고 발이 땅에 닿지 않는 것 같은 시간들을 보
냈다. 더 솔직하게 말하자면 지금도 여전히 그럴 때가 많다. 엄마
는 나에게 그렇게 큰 존재였고, 내 삶의 이유 중 하나였다. 그런
엄마가 떠나고 나자 모든 것이 흐릿해졌다. 그런 와중에서도 일
은 내게 정신을 차리라고 쉴새없이 재촉했고, 일에 빠져 살며 엄
마를 여읜 깊은 슬픔에서도 조금씩 빠져나올 수 있었다.

나는 그러면서도 마음으로 다리를 뻗을 수 없는, 기댈 곳 없는

내 주위가 서글펐다. 엄마처럼 마냥 아양을 떨 상대도, 내 투정을
모두 받아 줄 대상도 내겐 없었다. 그런 내게 강부자 선생님은 엄
마 같이 큰 나무가 되어주셨다. 어렵고 무섭게 느껴졌던 선생님
이 푸근하게 느껴질 때도 좋지만, 그 누구보다 나를 염려하시며
나의 부족한 점을 아낌없이 야단치실 때면 정말 내 어머니 같다.

안부가 궁금하고 재미있는 일이 있으면 전해서 함께 웃고 싶
고, 속상한 일이 있으면 함께 두 손 맞잡을 수 있는 누군가가 있
다면, 진심으로 잘 되기를 바라고 또 진심으로 건강하기를 바라
는 누군가가 있다면, 그 관계의 정의가 무엇이든 아무 상관이 없
다. 그 이름이 친구여도 좋고, 가족이어도 좋고, 지인이나 직장동
료라 해도 상관없다.

나는 사람을 통해 사람이 좋아지고, 좋은 인연이 더 좋은 인연
을 불러들인다는 인연의 법칙을 체득했다. 어떤 영화에 이런 말
이 나오지 않는가. '당신은 나를 더 좋은 사람이 되고 싶게 만든
다.'라고. 바로 그거다. 좋은 사람 곁에 있으려면, 내가 먼저 좋은
사람이 되어야 하는 것이다.

김태연 회장님이 준 선물,
'나 자신을 믿는 용기'

2008년, 샌프란시스코의 한 호텔에서 중앙일보가 주최하는 쇼를 했다. 천여 명 이상의 관객이 모인 꽤 큰 규모의 쇼였다. 한참 쇼를 준비하고 있는데 멀리서 누군가 나를 향해 다가오는 것이 느껴졌다. 화려하게 치장한 세 명의 여자였는데 그녀들이 걸어가자 홀에 모여 있던 인파가 홍해바다 갈라지듯 길을 터줬다.

그녀들 가운데 한 여자는 비늘처럼 반짝거리는 주황색 비즈 옷을 입고 손에는 크리스탈로 만든 강아지 모양의 클러치를 들고 있었다. 그녀가 옆 사람에게 나를 가리키며 누구냐고 물었다. 답을 들은 그녀는 놀란 듯한 표정을 짓더니 내게 인사를 건넸다. 나는 그녀가 누군지도 모른 채 얼떨결에 인사를 받았다.

그런데 밝은 표정에 화려한 옷을 입은 그 여자가 돌아서자 어쩐지 서글픈 기분이 들었다. 쇼를 하는 내내 그 기분이 사라지지 않아 몰래 눈물을 훔치기까지 했다. 이상한 일이었다. 그녀의 어떤 기운이 내게 깃든 것만 같았다.

쇼는 성황리에 끝났다. 그런데 아까 그녀가 무대로 올라와서 마이크를 잡는 게 아닌가. 그녀는 자신이 이 쇼의 후원자라고 소개했다. 한복의 아름다움에 탄복했으며 이렇게 아름답고 멋진 쇼일 줄 알았다면 후원금을 더 냈을 것이라고 말해 쇼 장에는 우레와 같은 박수소리가 터져 나왔다. 옆에 있던 중앙일보 관계자는 그녀가 바로 실리콘밸리의 전설, 김태연 회장이라고 이야기해줬다.

숙소로 돌아온 나에게 중앙일보 관계자는 들뜬 목소리로 연락을 해왔다. 김태연 회장이 나를 자신의 집으로 초대했다는 것이다. 나는 이틀 뒤에 아시안뮤지엄 쇼가 있어서 초대에 응하기 힘들 것 같다고 말했다. 그랬더니 관계자는 펄쩍 뛰면서 그녀가 자택으로 초대하는 일은 무척이나 이례적인 일이고 거절해서는 안 된다고 나를 설득했다. 또한 이 기회에 자신도 꼭 한 번 가보고 싶다며 간청을 해왔다. 나도 더 이상 거절하기가 힘들어서 쇼 연습을 마치고 가겠노라며 그들의 성화를 진정시켰다.

작은 거인, 김태연 회장과의
뜻밖의 만남

다음 날, 연습을 마치고 밖에 나가보니 김태연 회장이 보낸 버스가 대기하고 있는 게 아닌가. 버스는 한참을 달려 산속으로 향하고 있었다. 영화에서나 볼 법한 장면이 펼쳐졌다. 총을 멘 남자들이 삼엄하게 경계를 서고 있었다. 나는 그제야 직접 버스를 보낸 이유를 알 것 같았다. 그렇게 산비탈을 따라 계속 올라가니 샌프란시스코의 야경이 눈앞에 펼쳐졌다. 김태연 회장의 집에 도착했다.

그녀의 집은 정말 굉장했다. 백악관과 똑같이 생긴 건물이 세 채나 서 있었다. 집 앞에 여러 명의 미국인이 줄을 서서 우리를 환영해줬다. 김태연 회장이 입양한 자녀들이라고 했다. 그때까지 그녀는 보이지 않았다. 안내를 받으며 들어선 집안은 그야말로 놀라움의 연속이었다. 수영장과 대연회장을 지나 김태연 회장이 머무는 본채에 도달하니 'Welcome to 김혜순', 'I can do. We can do'라고 적힌 플래카드가 걸려 있었다. 한쪽에는 방문객들을 위한 선물이 쌓여 있었다. 단 하룻밤 만에 이런 이벤트를 준비해준 것에 큰 감동을 받았다.

우리는 김태연 회장을 만나기 위해 식당으로 향했다. 역시나 화려한 옷에 킬힐을 신은 그녀가 우리를 반갑게 맞아주었다. 밝은 얼굴로 인사하는 김태연 회장을 보면서 어제와 같은 슬픔을 또 느꼈다. 자꾸만 이상해지는 마음을 추스르기 위해 애를 써야만 했다. 자리에 앉자 그녀는 어제의 쇼에 대한 이야기를 꺼냈다.

"원래 쇼가 끝나면 당신을 단상 위로 부르려고 했어요. 그런데 너무 기가 약해 보여서 부를 수가 없었어요. 오늘 이곳에 당신을 초대한 이유도 당신에게 기를 불어넣어 주고 싶어서예요."

식사를 마친 후 그녀는 나를 다른 방으로 이끌었다. 그녀가 태권도를 하는 영상, 불 위를 걸어가는 영상 등이 나오는 영화관이었다.

"이 카펫 위에 맨발로 서보세요. 당신에게 기를 불어넣어 줄게요."

그녀는 자기 아들을 불러 큰 송판을 가져오라고 시켰다. 나에게 펜을 쥐어주더니 송판에다가 내 소원과 하고 싶은 말들을 적으라고 했다. 나는 당황했다. 느닷없이 벌어진 상황에 어떻게 해야 할지 판단이 서지 않았다. 게다가 모든 사람들이 나를 지켜보고 있었다. 나는 무엇에 홀린 듯 송판에다가 글을 적어 내려갔다.

'내가 서 있는 이곳에서 나의 날개를 펴는 패션쇼를 다시 한 번 할 수 있기를.'

그녀는 송판에 적은 글을 보더니 참 머리 좋은 사람이라며 나를 한껏 치켜세우더니 남자 두 명을 불러서 송판을 양쪽에서 잡도록 시켰다.

"자, 이 송판을 손으로 깨보세요. 그러면 당신의 소원이 이루어질 거예요.”

나는 깜짝 놀랐다. 저렇게 두껍고 단단한 송판을 어떻게 깨라는 건지 어안이 벙벙했다. 내가 망설이자 그녀는 나한테 기를 불어넣어 줄 테니까 해보라고 했다. 하는 수 없이 손에 힘을 실어 송판을 쳤다. ‘탁’ 소리와 함께 내 손이 빗나갔다. 도저히 안 될 것 같았다. 하지만 그녀는 다시 한 번 해보라고 했다.

“다른 생각은 싹 다 버리고 오로지 ‘I can do.’만 생각하세요!”

나는 힘을 내서 송판을 한 번 더 쳐봤지만 역시나 빗나갔고 손이 많이 아팠다. 그럼에도 불구하고 그녀의 태도는 완강했다. 나는 이를 악물고 있는 힘껏 송판을 쳤다.

“퍽.”

송판이 두 동강났다. 송판이 깨지는 순간 내 손의 통증은 거짓말같이 사라졌다. 그녀는 나를 진심으로 격려해주었다.

“송판에 적어놓은 소원은 내가 죽기 전에 반드시 들어줄게요. 약속해요!”

‘자기암시’라는 믿음의 파장이 가져온 기적들

한바탕 꿈같은 일들이 지나가고 그녀는 내 손을 잡고 자신의 저택을 구경시켜줬다. 우리는 천장이 높은 드레스룸으로 갔다. 그곳에는 가격표도 채 떼지 않은 새 드레스가 수없이 걸려 있었다. 그런데 아담한 체구의 그녀가 입기에는 너무 커 보였다. 나는 이렇게 긴 드레스를 어떻게 입느냐고 물었더니 그녀는 그냥 예뻐서 산 옷들이라고 말했다. 그 이야기를 들으니 또 슬퍼졌다.

그녀는 나에게 이렇게 높은 곳에 집을 지은 이유는 아침마다 해가 뜨는 모습을 보며 기도를 하기 위해서라고 했다. 그녀는 매일 아침마다 떠오르는 해를 보며 기도를 하면서 온 몸에 기를 모은다는 것이다. 매일 아침 해를 보고 기도를 하는 기쁨을 전하며 나보고도 꼭 해보라고 했다.

집 구경을 마치고 나오자 중앙일보 관계자는 김태연 회장은 대통령도 쉽게 만날 수 없는 대단한 분이라고 했다. 나는 그런 수사들이 거추장스럽게 느껴졌고, 오히려 나를 더 슬프게 했다. 세상 사람들은 그녀의 겉모습과 재산을 보고 그녀를 부러워하지만 그녀는 외로운 사람이었다. 아무리 화려한 옷으로 치장해도 밖으로 배어나오는 그 깊은 외로움을 모두 감출 수는 없었다. 나는 그것을 알 수 있었다. 그녀와 포옹을 할 때는 마치 허깨비를 안는 것 같은 느낌이 들었다.

어느 순간 그녀가 내게 완전히 마음을 연 것이 느껴졌고, 나도 그녀에게 마음을 열고서는 내가 느낀 그녀의 이미지를 말했다.

"회장님을 처음 봤을 때부터, 이상하게도 슬프고 서러운 마음

나도 할 수 있고, 너도 할 수 있고, 우리 모두 할 수 있다는 믿음이, 오늘날의 김태연을 만들었다.

이 들었어요. 사람들은 당신의 성공을 부러워하고 화려함에 감탄하지만 어쩐지 헛헛하고 외로운 사람 같아 보입니다."

난생처음 타인에게서 그런 말을 들은 그녀는 힘들었던 자신에 과거에 대해 털어놓았다. 그녀는 1월 1일에 태어났다. 그러나 그녀의 할아버지는 새해 첫날 재수 없게 여자 아이가 태어났다며 미역국을 마당에 내던지시곤 평생 차갑게 대했다고 한다. 그렇게 파란만장했던 그녀의 인생은 시작되었다. 그녀는 자신에게 상처만 안겨준 고국을 떠나 미국으로 건너갔다.

'I can do it, you can do it, we can do it.'

오로지 이 세 문장만 가슴속에 부여잡고 죽기 살기로 노력해서 지금의 자리에 오른 것이다. 그녀는 한국을 떠나면서 한국을 잊으려고 애썼지만 시간이 지날수록 그리워졌다고 말했다. 그래서 내 쇼를 보고 다시 많은 생각이 떠올라 나를 초대하게 되었다고 했다. 우리의 짧은 만남은 깊은 인연으로 이어졌다. 그녀는 내게 자신의 개인 전화번호를 가르쳐주었다. 한국에 돌아와서도 종종 전화를 했고, 나는 그녀의 한복을 지어주기도 했다.

그녀는 내게 제 아무리 가진 것이 많고 대단한 사람이라도 결국엔 우리와 똑같은 사람일 뿐이라는 걸 깨닫게 해주었다. 그저 상처 받고 외로운 사람일 뿐이다. 그리고 그녀는 내게 또 한 가지의 깨달음을 주었다. 나는 때로 정말 못해낼 것 같은 일이 생기면 혼자서 작게 읊조릴 때가 있다. '나는 할 수 있을 거야. 할 수 있고 말고….' 그러면 정말 할 수 있게 되는 일을 몇 번 경험했다.

'자기암시'처럼 큰 힘은 없다는 것을 작아서 더 큰 거인, 김태연 회장에게서 배웠다. 그 작은 몸으로 세계의 중심이라는 미국에서, 그것도 실리콘밸리에서 살아남은 백만장자 오늘날의 김태연을 만든 건 자기암시였다. 나도 할 수 있고, 너도 할 수 있고, 우리 모두 할 수 있다는 믿음. 이 보이지도 들리지도 않는 믿음의 파장이 그녀를 성공으로 이끈 것이다. 내가 그 두꺼운 송판을 깬 것은 그녀가 불어넣어준 강한 기운 때문이기도 했지만, 나도 '할 수 있다'고 믿는 순간 살아난 나의 결기도 한몫했다는 걸 나는 느꼈다.

'할 수 없다, 하지 못한다'고 믿는 사람은 어느 누가 어떤 도움을 줘도 못한다. 하지만 할 수 있다고 생각하는 사람은 반드시 된다. 우주의 파장이 그를 중심으로 재편되거나, 아니면 할 수 있다고 마음먹는 순간 용기와 더 큰 열정이 생겨나기 때문이다. 어쩌면 자신을 믿는 일은 타인을 믿는 것보다 어려운 일일 수도 있다. 그렇기 때문에 자신을 믿게 되면 더 많은 것을 이루어낼 수 있다. 김태연 회장의 오늘이 바로 거기에서 시작되었다는 것을 나는 믿어 의심치 않는다.

텐진 스님이 일깨워주신
'어른이 되어가는 법'

　나는 옷 말고 다른 세상의 일에는 영 일자무식이다. 그러니 누가 얼마나 대단하고 훌륭한지 모르고 만날 때가 태반이다. 한복을 지으러 온 손님들도 마찬가지다. 손님이 다녀가신 후 스태프들이 내게 '저 분이 누군지 정말 모르셨느냐'며 확인할 때가 한두 번이 아니다. 나의 이런 주변머리를 탓하는 사람들도 있지만 오히려 그 때문에 내가 귀한 분들과 스스럼없이 사귈 수 있는 것일 수도 있다. 나의 있는 그대로의 촌스러움을 보여줬기 때문이다.
　사람들과의 만남과 인연은 자신의 민낯을 보여줄 때 더 깊은 공감을 준다고 생각한다. 인간관계에서 가식의 시간은 참 짧다.

하지만 부끄럽더라도 진실의 시간은 영원하다. 그렇게 서로의 민낯을 보여주며 만난 인연은 애쓰지 않아도 이어지고 또 다른 만남을 만들어준다.

인연이란 건 참 묘하다. 텐진 스님과의 만남도 그렇다. 나는 처음에 그 분이 어떤 분인지 몰랐다. 나와 장만채 교육감이 학교 답사 차 스리랑카에 갈 일이 있었는데 영국교민 한 분이 통역과 가이드를 해주러 왔다. 일정 내내 함께 시간을 보내며 그녀와 가까워졌다. 그녀는 자신이 텐진 스님과 매우 친분이 두텁다는 이야기를 했다. 그녀는 텐진 스님께서 한국에 꼭 한 번 가보고 싶어 하시는데 기회가 돼서 방문한다면 꼭 나에게 연락을 하겠다고 했다. 하지만 그때까지도 나는 그 스님이 어떤 분이신지 전혀 알지 몰랐다.

더 좋은 생각, 더 맑은 이야기를 하며 나이 든다는 것

스리랑카에서 돌아온 지 오래지 않아 뜻밖의 만남이 이루어졌다. 한국에 오신 텐진 스님을 뵙게 된 것이다.

나는 부족한 영어로 스님과 대화를 나눴는데 대화를 하면 할수록, 스님의 얼굴을 바라볼수록 서러운 느낌이 들었다. 급기야

텐진 스님과 마주잡았던 손이
전해준 온기는 '우리'의 중요함
을 되새기도록 나를 채근한다.

스님과 대화를 나누던 도중 눈물까지 흘렸다. 나는 눈물을 닦으
며 스님께 죄송하다고 했다. 스님은 '당신의 마음을 다 안다'면서
내 손을 꼭 잡아주셨다. 참 따뜻한 손이었다. 그러고는 내 눈을 들
여다보시더니 꼭 티벳 사람 같다는 말씀을 하셨다. 이후로도 스
님 얼굴만 보면 슬픈 느낌이 들었다.

텐진 스님은 기가 막힌 사연을 지닌 분이셨다. 엄마가 자신을
낳고 한 살인가 두 살 때 돌아가셨다고 했다. 그것도 중국혁명 때
군인의 칼에 찔려 죽임을 당한 것이다. 어머니가 돌아가시자 집
안의 일꾼들 손에 키워졌는데 아버지는 정치를 하시던 분이라 다

177

시 장가를 가셨다. 아버지는 새 장가를 드시면서 스님께 "너는 스님이 되거라."라고 말씀하셨다. 그 이야기를 듣고 나니 내가 왜 스님을 보고 슬퍼서 눈물까지 흘렸는지 알 것 같았다.

텐진 스님은 내 가게에도 두 번이나 찾아오셨다. 내가 만든 옷들을 보시더니, 옷을 만드는 것은 사람들과의 관계를 맺는 일인데 옷을 하면서 무슨 생각을 하는지 그리고 어떻게 제각각 다른 옷을 만들어주고 색을 맞춰주는지 궁금해하셨다. 나는 한복에 대해 관심이 많은 스님을 위해 옷을 한 벌 지어드리고 싶었다.

하지만 스님은 승복 외에 다른 옷은 필요 없다고 하셨다. 아쉬운 마음에 이불 한 채라도 해드리고 싶었지만 그것마저도 마다하셨다. 자꾸 뭐든 해드리려 하자 스님은 추운 곳에서 불쌍하게 사는 사람들을 위해 안 입는 옷이나 파카 등을 좀 보내줬으면 좋겠다고 하셨다. 스님은 자신보다 이웃을 더 생각하고 계셨다. 나는 스님에게 더 좋은 음식, 더 좋은 풍경을 선사하고 싶었지만 스님이 원한 것은 더 좋은 생각, 더 맑은 이야기였다. 스님은 온화한 얼굴로 말씀하셨다.

"내가 좋은 건 단 한 사람의 기쁨, 나를 제외하고 좋은 것을 찾으면 더 많은 사람, 내 이웃의 기쁨이 되는 것입니다. 이제 더 이상은 나를 위해 사는 삶은 사라져야 합니다. 깨어있는 자, 생각할 수 있는 사람은 모두 이제는 더 이상 이기심으로 점철된 삶을 이어가서는 안 됩니다. 그렇게 해서 잘 살 수 있는 시대는 지났습니다."

소중한 인연은
언제나 소리 없이 온다

스님은 고국으로 돌아가시기 전 날에 나에게 만나자고 하셨다. 그 자리에서 스님은 내게 주고 싶었던 거라며 손에 무언가를 쥐어주셨다. 스님의 아버지가 스님께 남긴 티베트 돈이었다. 그 돈을 쥐어주시면서 나중에 자신이 있는 라싸의 포달랍궁에 꼭 와달라고 하셨다. 라싸에 도착해서 이것만 보여주면 자기한테 데려다줄 거라며 절의 주소가 쓰어 있는 명함 하나도 주셨다.

"스님, 이렇게 귀한 걸 제게 주셔도 되나요?"

나는 떨리는 손으로 스님의 손을 맞잡고 물었다. 스님은 그저 웃기만 하셨다.

텐진 스님이 고국으로 돌아가신 후, 한동안 마음이 허전했다. 스님이 잡아주신 따뜻한 손의 온기는 여전했지만 알 수 없는 그리움 같은 게 생기고 말았다.

그러던 어느 날, 도올 선생님과 점심을 같이 하다가 텐진 스님과의 만남에 대해 말씀드렸다.

"선생님, 얼마 전에 텐진 스님이 한국에 오셔서 함께 송광사도

가고 순천도 다녀왔어요."

"아니, 텐진 스님이라고? 어허, 왜 나한테 얘기를 안 했는가? 그 스님이 바로 달라이 라마를 보좌하던 스님 아니신가."

이번에도 나만의 인연의 패턴이 반복되었다. 얼마나 대단한 분인지도 모르고 만나고, 또 얼마나 훌륭한 분인지도 모르고 얘기를 나누는 것 말이다. 하지만 괜찮다. 스님의 말씀, 눈빛, 생각 모두 아무런 편견 없이 듣고, 느끼며 가슴 깊이 공감했기 때문이다. 그토록 명망 높은 스님인 줄 알았다면 나는 되려 어려워만하며 진심을 나누기 어려웠을 것이다.

내게 텐진 스님의 첫인상은 온화한 얼굴로 평안함이 무엇인지 보여주는 전형적인 스님이셨다. 그런데 스님과 진심이 통한 뒤 자꾸 서글픔이 올라왔다. 스님의 아픈 개인사가 그림처럼 느껴졌다. 슬픔을 공감하고 나면 관계는 깊어진다. 따뜻한 손을 마주했던 그 느낌이 나에겐 여전히 남아 있다. 달라이라마를 도와 티베트는 물론 독립하려는 많은 국가에 힘을 실어주고 있는 텐진 스님의 에너지는 여전히 뜨거울 것이다. 그리고 마주잡았던 손이 전해준 온기는 나만이 아닌 우리의 중요함을 되새기도록 매번 나를 채근한다.

유희경 박사님이
몸소 보여주신
'참된 스승이 되는 길'

　내가 막 한복 일을 시작했을 때 삼촌은 한복 패션쇼의 연출로 바빴다. 삼촌은 패션쇼를 할 때 소품을 많이 활용했는데 왕의 옷 관련 쇼를 할 때 특히 그랬다. 소품 하나하나 구하기도 어려웠고 값도 많이 나가 어려움을 겪곤 했다. 하지만 삼촌은 알음알음 소품을 구하는 데 도가 튼 사람이었다. 빌리기도 하고 사기도 하면서 반드시 필요한 소품을 구해 쇼에 완성도를 높였다.

　삼촌은 내게 그런 귀한 소품을 가지고 계신 분을 찾아가 빌려오게 하는 심부름을 시키셨다. 당시 내 나이가 서른한 살쯤이었는데도 그런 일이 싫지 않았다. 그분들을 직접 뵙고, 어깨너머로 한복에 숨어 있는 비밀들을 알아차리는 재미가 쏠쏠했기 때문이다. 그런 심부름을 다니다 우연히 뵙게 된 분이 바로 '우리나라 복식계 1호 박사님'이자 내 인생을 바꿔주신 유희경 박사님이시다.

당시 박사님은 이화여자대학교를 정년퇴직을 하시고 흥사단연구실에서 공부를 이어가고 계셨다. 선생님에게 듣는 한복 이야기는 정말 흥미진진했다. 나는 겁도 없이 선생님께 한국복식 동아리를 만들면 가르쳐주실 수 있느냐고 여쭤봤다. 선생님은 흔쾌히 허락해주셨고, 후배들과 모임을 만들어 직접 한복을 배우는 영광스러운 자리를 이어갈 수 있었다.

그때 참으로 많은 것을 배웠다. 작은 스터디 그룹처럼 시작된 모임은 한복에 관련된 각계각층의 사람들이 스무 명 이상 모이는 도반이 되었다. 선생님은 어느새 우리들의 스승이 되어 우리를 제자라 칭하며 아낌없는 애정을 주셨다.

나 혼자 할 수 있는
일은 없다

선생님은 늘 우리에게 당신의 박사 논문에 대해 아쉬움을 드러내셨다. 1970년대 초반에 '왕의 옷'으로 박사논문 쓰실 때만 해도 자료가 없어서 어려움이 많았고 지금 생각하면 부끄럽기만 하다고 하셨다. 하지만 그 시대에 그만큼의 논문을 쓸 수 있는 사람도 없었을 것이다. 그래서일까 선생님은 기회가 될 때마다 제자들 중 누가 '왕의 복식' 관련 책을 썼으면 좋겠다는 말씀을 자주 하셨다. 그럴 때마다 선생님께서 그 논문을 다시 쓰실 수 있도록 내가 도와드리면 좋겠다는 생각도 함께 키워나갔다.

그런데 그날이 운명처럼 내게 와주었다. 1999년, 선생님이 그 논문의 아쉬움에서 벗어날 수 있는 계기가 마련되었다.

"내후년에 역사박물관 개관식 오픈 전시회가 열릴 예정이에요. 그 박물관에서 왕의 옷을 전시하기로 했는데 그 일을 맡아주면 좋겠어요. 회의를 통해 김혜순에게 맡기기로 결정했어요."

"네? 선생님. 어떻게 그런 일이 제게……."

나는 너무 놀라 좋아하지도 못했는데 선생님은 나보다 더 기뻐하셨다.

"선생님, 선생님께 누가 되지 않도록 잘할게요. 열심히 해볼게요."

왕의 옷을 복원해서 제작 전시하는 영광이 내게 올 줄은 꿈에도 몰랐다. 한복 짓는 사람으로서 더없이 영광스러운 일이었다.

연락을 받고 흥분이 채 가라앉기도 전에 내 머릿속에는 어떻게 해야 할지 즐거운 고민이 시작되었다. 지체할 시간이 없었다. 나는 곧장 선생님께 유물을 보러 가자로 졸랐다. 선생님과 두 군

유희경 박사님과 나의 필생의 숙제를
마치고 나온 책, '왕의 복식'

데에서 유물을 확인할 수 있었다. 우리는 직접 왕의 옷을 보고 옷
감을 만들어 옷을 지을 수 있다는 생각에 몹시 설렜다. 선생님의
가르침을 토대로 그 과정을 오롯이 해냈다.

　선생님이 옆에 계시니 든든해서 몸과 마음이 힘든 줄도 모르
고 일필휘지로 옷을 만들어낼 수 있었다. 그렇게 지은 옷들이 바
로 '왕의 복식' 전시회의 옷이다. 선생님께서는 이제 왕의 복식에
관한 책을 쓸 차례라며 나를 독려하셨다. 그 말씀을 들은 지 9년
만인, 2009년도에 비로소 책이 출간되었다. 선생님은 한사코 말
리셨지만 나는 당연히 선생님과 공저로 책을 펴냈다. 선생님과
나의 필생의 숙제가 끝나는 순간이었다.

좋은 스승이
좋은 제자를 만든다

나는 10년 넘게 아침마다 빵집에 들려 갓 나온 따뜻한 빵을 사서 선생님을 뵈러 갔었다. 선생님이 좋아하시는 모습을 보고서야 나의 하루를 시작할 수 있었다. 하지만 이제는 더 이상 빵을 사들고 아침 문안인사를 드릴 수 없고, 보물찾기 같던 한복 이야기도 들을 수 없다. 선생님은 이제 많이 연로해지셨고 투병중이시다. 인생의 유한함이 얼마나 슬픈 일인지를 다시 한 번 느끼고 있다. 그저 선생님의 건강을 빌고만 싶다.

선생님은 나에게 자신을 따라 복식계를 이어가라고 당부하셨다. 선생님에서 시작해 나의 지도 교수님이신 김미자 교수님 그리고 내게로 내려오는 그 끈을 누군가에게 꼭 쥐어주라고 하셨다. 나는 그 끈을 붙잡고 있는 것만으로도 그저 영광스럽고, 계보라 일컬어지는 것도 송구스러울 뿐이다. 우리나라 복식계에 선생님 같은 분이 계시다는 것만으로도, 선생님의 그늘 덕분에 편안하게 한복의 역사를 잇고 있다는 것만으로도 늘 감사하다.

나는 유 박사님을 통해 좋은 선생님이 좋은 제자를 만든다는 순리를 깨우쳤다. 선생님은 공부 하라는 말을 하는 대신 더 많은 것을 알고 싶게 하셨고, 더 연구하라는 말 대신 더 많은 사람들이 한복에 대해 제대로 알았으면 좋겠다고 하셨다. 제자들이 바른

말 듣는 것을 아파하지 않고, 바른 말 하는 것에 주저하지 않는 단단한 전통복식학자로 커나갈 수 있게 최선을 다하셨다.

여전히 살아 계셔주는 것만으로도 큰 힘이 되는 어른이시다. 나는 오늘도 선생님 같은 어른, 스승이 되고 싶다는 이루기 힘든 소망을 품어본다.

한복의 세계로
나를 이끌어준
허영 삼촌

　나는 어렸을 때부터 패션에 관심이 아주 많았다. 어떻게 하면 더 예쁘게 보일까 고민했고, 무엇보다 옷에 대한 욕심도 많았다. 버스를 타고 먼 길을 갈 때도 나는 잠을 자지 않고, 창밖으로 지나가는 사람들의 옷을 구경했다. 사람들이 입고 있는 옷의 색에 관심이 많았고, 질감이 어떨지 궁금했다. 그리고 계절별로 변하는 옷을 구경하는 것이 재미있었다.

옷을 좋아하던 꼬마 소녀,
바늘 트라우마에 빠지다

열두 살 때였다. 작은 할머니 댁에 놀러 갔다가 재봉틀을 발견했는데, 그걸로 옷을 만들어보고 싶었다. 엄마 치마의 안감을 몰래 잘라서 열한 살이었던 사촌동생과 재봉틀 앞에 앉았다. 재봉질을 처음 해보는 우리는 재봉틀을 붙들고 한참을 씨름했다.

자꾸만 천이 움직여서 제대로 바늘이 박히지 않았다. 나는 사촌동생에게 원단을 잡고 있으라고 시켰다. 원단이 팽팽하게 고정되자 바늘이 잘 들어갔다. 나는 신나서 페달을 밟았다. 그런데 사촌동생이 그만 잡고 있던 원단을 놓쳤고, 그 순간 바늘이 사촌동생의 손을 뚫어버렸다. 피가 철철 나는 사촌동생의 손가락을 보고 우리는 어쩔 줄을 몰랐다. 사촌동생이 많이 다친 것은 아니었지만 그때의 기억이 너무 깊이 각인되어서, 나는 그 뒤로는 바늘을 만지지도 못했다.

중고등학생 시절까지도 바늘에 대한 두려움은 사라지지 않았다. 교복 단이 떨어지면 친구들은 직접 바늘로 꿰매서 입었지만 나는 풀로 붙이거나 옷핀으로 고정시켰다. 아마 그 시절 친구들이 내가 한복을 만드는 김혜순이 되어 있는 걸 보면, 풀로 붙인 치맛단을 떠올리며 입을 다물지 못할 것이다.

그렇게 바늘을 무서워하던 내가 한복장이의 길로 들어선 것은

삼촌이 없었다면, 지금 나는 한복을 만드는 김혜순으로 서 있지 못했을 것이다.

다 삼촌 덕분이다. 결혼을 한 지 얼마 안 됐을 때 삼촌을 만났다.
내 나이 스물다섯 살의 겨울이었다.

"혜순아, 너 요즘 뭐 하며 지내니?"

"저… 저요. 집에서 집안일하며 지내죠, 뭐!"

"그럼 언제 한번 내가 일하는 공방에 놀러올래?"

그렇게 일 년이 지나 삼촌 가게를 찾았다. 한 평에서 한 평 반
정도 되는 작은 공방이었다. 삼촌은 그곳에서 주로 한복에 필요
한 장신구나 영화에 쓰일 소품들을 만드셨다. 공방 안은 한복을
입은 인형들과 각종 장신구 부품들이 가득했다. 평소 정리정돈을
좋아하는 나는 삼촌이 시키지 않았음에도 가게를 정리하기 시작

했다. 약장에 들어 있는 장신구 부품들을 모조리 꺼내서 털고 닦고, 종류별로 모아 이름표를 붙였다.

그 뒤로 매번 삼촌 공방에 찾아가 정리를 도와드렸다. 그런데 하루는 삼촌께서 한복을 만들어보면 어떻겠느냐고 물으셨다. 내게는 너무나 갑작스런 일이었다.

"바느질을 무서워하는 제가 어떻게 한복을 만들겠어요?"

"혜순아, 걱정할 거 없어. 그냥 삼촌만 따라오면 된다."

다음 날 삼촌은 나를 한복학원에 등록시키셨다. 한복학원의 박오예 선생님은 내가 허영 삼촌의 조카라는 이유만으로 세심한 관심을 가져주셨지만, 안타깝게도 나는 한복을 만드는 일에 흥미가 없었다. 며칠간 창밖만 내다보면서 계속 딴짓을 했다.

그렇게 한복 배우기를 등한시하던 어느 날, 정신이 번쩍 들 일이 생겼다. 삼촌이 수선할 한복 일감을 잔뜩 가져오신 것이다. 설상가상 나 보고 그 옷들을 수선하라셨다. 학원에서 수업에 제대로 집중하지 않았으니 한복 수선을 잘할 리 만무했다. 그런데도 삼촌은 매일같이 일감을 가지고 오셨다. 참으로 난감한 일이었다.

그때부터였다. 내가 마음을 바꿔먹고 일신우일신한 것은. 내게 일자리를 마련해주신 삼촌에게 폐를 끼칠 수 없다는 일념 하나로 한복 만드는 것을 열심히 배우기 시작했다. 매일 조그맣게 자른 천에다가 반듯하게 줄을 긋고 그 줄을 따라 바느질하는 연습을 했다. 너무 집중을 해서 목이 굳어버릴 정도였다. 심지어 바느질 때문에 얇았던 천이 빳빳하게 변하기도 했다.

한복의 명칭도 제대로 모르는 내가 수업을 따라가기는 어려웠다. 그래서 시간이 날 때마다 이론과 설명을 적은 노트를 펼쳐놓고는 통째로 암기했다. 얼마나 열심을 다했던지 지금도 그때 배운 이론들이 생각날 정도다.

낮에는 학원에서 한복에 대해 배우고, 밤에는 삼촌의 공방에서 수선을 했다. 처음에는 너무 힘들고 버거웠던 것이 바느질이 손에 익으면서 조금 수월해졌다. 그리고 어느새 그 일에 재미를 느끼고 있는 나를 발견했다.

한복에 눈뜨도록
이끌어준 허영 삼촌

나중에 시간이 지나서 삼촌께 여쭤봤다.

"삼촌, 그때 왜 제게 한복을 만들라고 하셨어요?"

"그거야… 네 고집을 보고 그리 했지?"

"제 고집이요?"

"응, 너는 공방에 나오던 첫날부터 시키지도 않은 정리를 하더구나. 아무리 바쁘고 힘들어도 늘 제 시간에 나오고 말이야. 게다가 어릴 때부터 고집하면 김혜순이었지. 그 고집과 성실함이라면 한복을 잘할 수 있을 것 같더구나."

삼촌의 이야기를 들으니 자신감이 붙었다. 신나서 일을 하기 시작했고 삼촌은 그런 내게 더 많은 일을 시키셨다. 일을 하면 할수록 한복의 아름다운 색에 반하게 되었고, 점점 더 많은 관심을 갖게 되었다. 내가 한복을 배운 지 고작 6개월이 되었을 때, 삼촌은 한복가게를 열자고 하셨다. 겁이 날 법도 한데 당시의 나는 간이 컸던 모양이다. 겁이 나지 않았다. 삼촌과 내가 함께 한다면 잘할 수 있을 거란 확신이 들었다. 그렇게 처음으로 내 이름이 아닌 삼촌의 호인 예정(藝丁)을 건 한복가게를 열었다.

그 후, 삼촌은 영화의상뿐 아니라 남의 패션쇼도 맡아서 하실 정도로 사업을 확장시켰다. 그때마다 나는 삼촌의 손발이 되어 한복을 만들었다. 삼촌이 머리로 한복을 구상하면 내가 손으로 한복을 만드는 식이었다. 대체로 호흡이 잘 맞았지만 말로 표현을 잘 안 하는 삼촌 때문에 한복을 만드는 것이 힘들 때도 있었다. 삼촌이 짧게 설명하면 그 설명을 토대로 나름 구체적인 것까지 유추해서 한복을 만들었는데, 잘못 만들었다고 야단을 치실 때가 있었다. 그럴 때면 삼촌의 행동, 말에 온 신경을 집중했다. 삼촌은 눈과 머리로 한복을 하는 사람이라서 그것을 따라가기가 여간 힘든 게 아니었다.

삼촌은 한복 이외에 다른 옷에도 관심이 많으셨다. 내가 한복을 만들고 있으니 자신은 드레스를 만들고 싶다고 하셨다. 그래서 나보다 조금 늦게 한복 만드는 일을 시작하셨다. 삼촌은 藝丁 허영 한복, 나는 藝丁 김혜순 한복이라는 이름을 걸고 한복을 만들었는데, 가게를 둘로 분리하긴 했지만 중요한 옷은 함께 만들었다.

처음에는 삼촌이 꾸며준 예쁜 쇼윈도를 보고 가게에 들어왔다가 너무 어린 내가 사장이라는 것을 알고 발길을 돌리는 손님도 많았다. 당시 내 나이가 스물여섯이었으니 그럴 만도 했다. 그래서인지 한복 만드는 일에는 어느 정도 자신감이 붙었는데, 손님을 상대하는 것은 쉽지 않았다. 삼촌은 그런 내가 안쓰러우셨는지 종종 가게에 오셔서 지도를 해주셨다.

"혜순아, 우선 손님의 말을 많이 들어주는 게 중요해. 그래야 손님이 원하는 게 뭔지, 잘 어울리는 게 뭔지 파악해서 제대로 해줄 수가 있지. 손님이 너를 믿고 옷을 맞출 수 있게 만들어야 한단다."

삼촌의 가르침은 내게 큰 도움이 되었다. 가르침대로 하다 보니 어느새 손님도 많이 늘었다.

지금도 문득 문득 그때 그 시절을 돌아본다. 삼촌이 없었다면, 지금 나는 여기 한복을 만드는 김혜순으로 서 있지 못했을 것이다. 삼촌은 내게 같은 일을 하는 동료요, 선배였으며, 멘토였다. 삼촌이 끌어주고 밀어주면서 함께 했던 그 시간들이 가끔씩은 대책 없이 그립다.

나를 있게 한
손님들이 가르쳐준
'인연의 셈법'

"어머니 한복을 지으러 왔다면서 왜 혼자 왔어요?"

"네, 선생님 그게…."

"어머니를 모시고 와야 어울리는 한복을 만들어줄 텐데…."

단골손님 중 늘 어머니와 함께 한복을 맞추러 오는 분이 있다. 그 손님의 어머니는 80대 후반으로 평소에도 내 한복을 즐겨 입을 정도로 한복 사랑이 대단한 분이었다. 그런데 어머니 한복을 하러 왔다면서 딸만 온 게 의아해서 물었다.

"저, 오늘은 저희 엄마 수의를 하러 왔어요."

나는 가슴이 덜컥 내려앉았다. 나와 함께 한복에 대해 이야기

누구에게나 인생을 바꿀
한 번의 만남은 있다

나누는 걸 참 좋아하신 오랜 단골손님이었는데 돌아가셨다는 소식을 들으니 인생의 유한함에 다시 한 번 가슴이 메었다.

그런데 손님이 일반적인 수의가 아니라 엄마가 평소 좋아했던 한복으로 수의를 대신하고 싶다는 게 아닌가. 나는 놀랐지만 내색하지 않으려고 노력했다. 엄마를 아름다운 모습으로 보내고 싶은 딸의 애틋한 마음을 따뜻하게 보듬고 싶었다. 나는 아끼던 원단 하나를 꺼내서 보여주었다. 고운 벚꽃색의 천이었다.

손님은 엄마가 가장 좋아하는 색이라고 말하며 울었다. 나는 예쁘게 잘 만들어줄 테니 걱정하지 말라면서 한복 값은 받지 않겠다고 했다. 딸의 마음이 너무나 예뻤기 때문이다. 하지만 손님은 완고히 거절했고 결국 옷감 값만 받는 것으로 우리의 실랑이는 끝이 났다.

만들고 있던 옷을 뒤로 미뤄두고, 그 어머니의 한복을 만들기 시작했다. 사연을 듣고 난 후라 그런지 손이 떨려서 바느질이 제대로 되질 않았다. '아직 이승을 떠나고 싶지 않으셔요? 따님이 고운 옷 해주셨는데 기쁘게 가셔요.' 하며 진심으로 명복을 빌었다. 살아생전 내 옷을 좋아하셨던 분의 마지막을 배웅했다는 생각에 가슴이 먹먹했다.

나에게 손님은 단순히 내 옷을 사가는 사람들이 아니다. 나는 손님들과 내가 인연을 맺는다고 생각한다. 수많은 한복집 중에서 내 가게를 찾아왔다는 사실 하나만으로도 특별한 인연이라고 말

이다. 게다가 결혼식과 같이 기쁜 날을 빛낼 옷을 짓기 위해 찾아
오는 사람들이니 그 인연을 어떻게 쉽게 생각할 수 있겠나.

옷을 지으며 맺는
아주 특별한 인연

33년 동안 한복을 만들다 보니 내 가게에는 오래된 단골손님
도, 특별한 인연을 맺는 손님들도 많다. 마치 엄마처럼 나를 돌봐
주고 챙겨주시는 손님도 있다. 과연 손님과 한복 하는 사람의 인
연일까 싶을 정도로 깊고 끈끈해 고맙기 짝이 없다. 자녀를 혼인
시킬 때 나에게 한복을 해갔던 엄마들이 여든 넘은 할머니가 되
어 나를 찾아오기도 한다. 엄마를 따라, 혹은 시어머니를 따라 내
가게를 찾았던 이들이 자식들 결혼시킬 때 다시 찾아오면 격세지
감과 함께 이 인연을 소홀히 할 수 없다는 생각이 더 단단해진다.
한복과 떼려야 뗄 수 없는 소리꾼들도 많이 찾아온다. 오래 전
부터 우리 가게의 손님이었던 한 예인은 딸이 혼례를 한다며 나
를 찾아왔다. 딸의 혼례만큼은 잘 치러주고 싶다는 그녀는 당시
에 형편이 좋지 못했다. 나는 돈은 나중에 받을 테니 걱정 말고
한복을 골라보라고 말했다. 내 딸을 시집보내듯 훌륭하게 잘해서
보내고 싶었다. 그녀는 미안하고 고맙다는 말을 연거푸 했다. 그

런데 그녀의 형편은 좀처럼 나아지지 않았다. 나에게 한복 값을 갚을 형편이 못 되자 연락하는 것도 미안해했다. 돈 때문에 사이가 멀어지는 것 같아 무척 속이 상했다. 시간이 한참 지난 후, 그녀는 나를 찾아왔다.

"한시도 선생님을 잊은 적이 없어요. 언젠가는 꼭 그 은혜를 갚아야지 늘 마음속에 품고 있었습니다. 이제야 선생님께 오게 되었네요."

그녀는 갚지 못했던 한복 값을 치렀다. 나는 돈을 받은 것보다 그녀가 다시 나를 찾아와준 것, 전보다 형편이 나아졌다는 것이 더 기뻤다. 다시 노래를 시작했다는 그녀는 한복을 한 벌 만들어달라고 했다. 그녀가 부를 노래의 제목이 '무궁화'라 했는데, 때마침 아껴두었던 무궁화가 수놓인 옷감이 있어 그것으로 그녀에게 한복을 지어주었다. 이 옷을 입고 노래를 할 그녀의 모습을 생각하는 것만으로도 가슴이 뿌듯했다. 어느새 한복 위에서 활짝 핀 무궁화가 웃고 있었다.

인연의 셈법이란
무엇인가

나는 사람을 상대하는 걸 무척 어려워했다. 그래서 강부자 선생님께 장사꾼답지 못하다는 꾸중을 듣기도 했다. 손님과 마음을 맞추어야 하는 일이 무엇보다도 힘들어 장사가 나에게는 맞지 않는 일이라고 생각했다.

그렇게 가게 일로 몸과 마음이 바쁠 때, 엄마와 삼촌이 돌아가셨다. 나에게 해와 달과 같은 사람들이 모두 사라진 것이다. 그 상실감은 이루 말로 다 할 수 없을 정도로 컸다. 삶과 죽음에 대해서도 깊은 생각에 빠졌다. 그런 생각을 자주 하다 보니 사람을 보는 눈과 생각도 달라졌다. 손님들을 대하는 것도 마찬가지였다.

예전에는 손님들이 가게에 찾아와서 자신의 고민을 털어놓거나 자랑을 하는 것을 들어주는 게 무척이나 피곤했고 내 일에 집중할 수도 없었다. 그러나 이제는 손님들의 이야기를 잘 들어준다. 내 가게를 나갈 때 후련한 얼굴로 나가는 손님들을 보면 내가 다 기분이 좋아진다.

나는 내가 옷만 파는 사람이 아니라는 것을 잘 안다. 옷을 맡긴다는 것이 어떤 의미인지도 이제는 알 수 있다. 내가 옷을 팔아 돈을 벌겠다는 마음이 아닌 진심으로 손님을 대하면, 손님 역시 돈 주고 옷 사는 사람이 아니라 마음을 주는 사람으로 변한다는 것을 한참 후에야 알게 되었다.

옷이 아니라 기쁨을 주는 사람, 한 순간이라도 충일한 행복감을 주는 사람이 되고 싶어졌다. 그게 옷의 힘이고 한복의 힘이라는 것을 알게 되었고, 그것을 증명해주는 사람들이 바로 손님이

라는 것을 깨달았기 때문이다. 나에게는 여전히 고객명단 같은
건 없다. 하지만 내 마음 속의 인연의 명단은 뚜렷하다. 평소에 좋
은 것을 나누는 인연일 뿐 명절이라 인사치레해야 하는 관계가
아니다.

　인연은 쉽게 만들어지지 않는다. 그리고 쉽게 끊어지지도 않는
다. 사람의 힘으로 만들 수 없듯 사람의 힘으로 끊어낼 수도 없다.
그런데 인연의 결속력은 사람의 힘으로 움직인다. 상대를 대하는
나의 태도에 따라 달라지는 것이다. 내가 받고 싶으면 그만큼 줘
야 한다. 그리고 이만큼 주었으니 이거라도 받아야지 하는 마음은
버려야 한다. 손해인 것 같지만 결국 이익이 남는 사람 사이, '인
연의 셈법'이란 이런 것이다. 그리고 그게 사람 간의 정(情)이다.

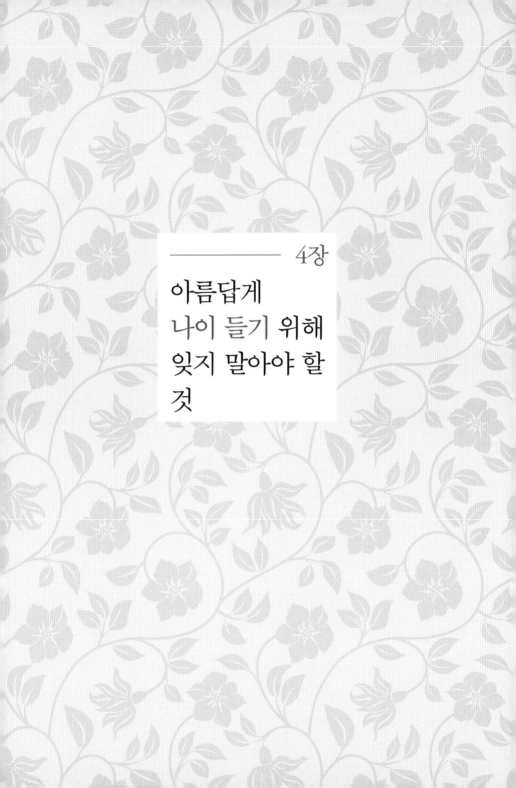

4장

아름답게
나이 들기 위해
잊지 말아야 할
것

30년이라는 세월을 한복과 함께 살아오다 보니,

나이가 든다고 해서 저절로

어른이 되는 것이 아님도 알게 되었다.

나는 나이, 숫자로만 어른 대접을 받고 싶지 않았다.

사람 욕심은 버리고
시간 욕심은 부려라

　살다 보니, 시간처럼 요상한 것이 없다. 어떻게 쓰고 어떻게 의미를 부여하느냐에 따라 한 시간이 천만금의 가치를 갖기도 하고, 오랜 시간이 무의미해지기도 한다. 시간은 그것을 쓰는 사람에 따라 제각기 다른 모습과 질로 다가오는 것이다.

　요즘 사람들은 "바쁘다", "시간이 없다"라는 말을 입에 달고 산다. 그런데 막상 정말로 물리적 시간이 부족한가 살펴보면 딱히 그런 것도 아니다. 학업과 직장생활이 주는 압박과 스트레스, 남들보다 뒤처진다는 생각에 쫓기는 것 같은 불안감을 느끼는 것이다. 즉, 심리적인 시간에 쫓기는 것이다.

나는 보통 오전 다섯 시 전에 일어난다. 이른 시간에 일어나면 피곤하지 않느냐고 묻는 사람도 있지만 나는 매일 새벽 다섯 시 무렵이면 기분 좋게 눈이 떠진다. 일어나서 자리를 정리하고 집에서 나와 운동을 한다. 운동이라고 해봐야 사실 거창할 것도 없다. 그저 걷거나 물에서 노는 수준이다. 그러고는 곧바로 가게로 간다.

가게에 도착하면 일곱 시가 안 된 시간. 그때부터 문을 열고 꽃밭을 둘러본다. 밤새 달라진 것은 없는지 어떤 꽃망울이 피울 준비를 했는지 어떤 나무가 잎을 떨궜는지 천천히 돌아보며 하루를 준비하는 것이다. 내게 아침 아홉 시는 모든 것이 준비되어 있어야 하는 시간이다. 아홉 시에 출근해 그때부터 하루를 시작하는 것은 너무 늦다. 시간에 쫓겨 허둥지둥하다 보면 실수가 생기게 마련이므로 아침 시간은 최대한 만반의 준비를 해두는 데 할애한다. 일은 준비가 반이다. 그것은 무슨 일이든지 마찬가지다.

세상의 소음을 멀리하고
내면의 목소리를 듣는 시간

가게 앞에는 매화나무가 있는데, 그 앞을 지나가는 사람들이 가장 잘 볼 수 있는 곳에 심어두었다. 가게에는 매화나무 외에도

많은 꽃들이 있다. 매일 풀을 뽑고 벌레를 잡고 물을 준다. 물을
줄 때도 정성을 다한다. 꽃은 물을 얼굴에 바로 뿌려주는 것을 싫
어하니까 아래쪽에 뿌려주고, 풀은 싱싱하게 잘 자라라고 위에서
부터 담뿍 뿌려준다. 내가 정성들여 돌보는 나무며, 꽃이며, 풀 같
은 식물들은 내게는 행복 그 자체다.

대부분의 사람들은 아침에 많은 고민을 한다. 오늘 직장에 나
가서 무슨 일을 할지 고민하고, 또 어떤 힘든 일이 기다리고 있을
지 미리 스트레스를 받는다. 하지만 아침은 고민과 걱정의 시간
이 되어서는 안 된다. 아침은 새로운 시작, 신바람 나는 일과의 맨
처음이다. 나는 아침에 고민을 머리로 가져오지 않는다. 그저 자
연이 보여주는 아침의 아름다움을 바라보며 고즈넉하게 하루를
시작한다.

그뿐 아니라 나는 일상의 변화도 싫어한다. 일정한 패턴대로
진행되어야 편안하다. 조금 막히더라도 매일 다니던 길이 편해
그 길로 간다. 평소 다니지 않던 낯선 길로 갔다 막히기라도 하면
마음이 금세 불안해지기 때문이다.

사람을 사귀는 것도 마찬가지다. 새로운 사람들과의 만남도 중
요하지만 현재 내가 알고 있는 이들과의 관계를 가꾸는 데 더 집
중하는 편이다. 나 스스로 번잡한 인연 맺음이나 이해득실을 따
진 인맥 관리를 좋아하지 않기에, 계산 없이 오래 알고 지낸 벗들
에게 충실하자는 소신을 지키는 것이다.

그뿐 아니라 나는 사람에게 정성을 쏟아야 한다고 믿는 사람이다. 많은 사람들을 사귀고 그들 한명 한명에게 정성을 쏟게 되면 내 자신을 돌아볼 시간이 턱없이 줄어든다. 그렇게 되면 약속도 많아지고, 약속에 휘둘리다 보면 일상이 흐트러진다. 그것도 나에게는 힘든 일이다.

오랜만에 반가운 사람을 만났다고 하더라도 아홉 시가 되기 전에 집으로 돌아간다. 남들과 같은 시간에 밥을 먹으면 자기 전에 소화가 잘 되지 않기 때문에 웬만해서는 저녁 약속을 잡지 않는다. 아주 오랫동안 곁에 두고 보는 몇 명의 지인들을 제외하고는 따로 만나는 일도 별로 없다.

큰 변화가 없는 일상, 늘 비슷한 하루, 사람 공부에는 욕심이 있어도 인맥을 쌓는 데는 욕심이 없는 나는 이렇게 사는 것이 편하다. 내 옷에 대해 더 많은 생각을 할 수 있는 시간을 벌 수 있고 몇 명 되지 않는 친한 사람의 얼굴을 편하게 볼 수 있는 시간을 낼 수 있는 이 소박하고 단순한 일상에 나는 만족한다.

자연이라는 넉넉한 품에 안겨
고민도 번뇌도 내려놓다

사람들이 스트레스를 해소하는 방법은 의외로 비슷비슷하다.

가게에는 많은 꽃들이 있다.
매일 풀을 뽑고 벌레를 잡고 물을 준다.
내가 정성들여 돌보는 나무며, 꽃이며,
풀 같은 식물들은 내게 행복 그 자체다.

남자들은 주로 운동을 하거나 술을 마시고, 여자들은 수다를 떤다. 내 주위에도 수다로 스트레스를 푸는 사람들이 많지만 나는 그들과 정반대다. 말을 많이 하다 보면 남의 이야기가 나올 수밖에 없는데, 남의 이야기를 하는 것이 싫을뿐더러 기분까지 나빠진다. 그래서 나는 스트레스를 받을수록 말을 줄인다. 좋은 얘기만 해도 수다라는 것은 에너지를 많이 필요로 하는 일인데, 남의 뒷담화나 분쟁이 될 만한 이야기를 하면서 시간을 보낼 이유가 없는 것이다.

　나 역시 스트레스가 없는 것은 아니만, 그것을 어떻게 해소하느냐 하는 것도 내 몫의 숙제라고 생각한다. 의외로 내가 스트레스를 푸는 방법은 단순하다. 바로 일을 통해서다. 나는 일에 집중해 있을 때가 제일 행복하다. 그러니 쉬는 날에도 가게에 나와 앉아 있는 것이리라. 가게에 나와 정리도 하고 옷감들을 살펴두다 보면 일상의 소음들이 사라지고, 예쁜 색감의 한복들을 만지는 것이 축복처럼 느껴진다. 내가 만든 작품을 남들이 입고 좋아하는 모습을 보면 그것으로 모든 것이 또 괜찮게 느껴진다.

　일로도 스트레스가 풀리지 않을 때는 율촌으로 내려간다. 자연과 고향이 주는 큰 힘에 고단한 며칠을 맡기는 것이다. 일상에서 마주치는 풍경도 아름답지만 매일이 새롭게 펼쳐지는 고향의 자연은 깊은 여유를 만끽하게 해준다. 고향만이 줄 수 있는 따스한 분위기, 동네 할머니들과 나누는 별다를 것 없는 안부만으로도 마음이 너누룩해진다.

엄마가 돌아가신 뒤로는 마음이 힘들고 복잡해지면 엄마 묘소에 들른다. 예쁜 꽃을 심어놓고 혼자 놀다 보면 많은 것들을 저절로 내려놓게 된다. 아무것도 없고 아무 소리도 들리지 않는 그곳에서, 마치 엄마 품에 안겨 다 털어내듯이 고민, 욕심, 삶의 고단함을 두고 오는 것이다. 그러면 정말 가뿐한 마음이 된다.

추억에 기대어 오늘을 다짐하고, 과거를 통해 미래를 꿈꾼다

얼마 전, 고향에 내려갔다가 어려서부터 봐왔던 방앗간이 예전 모습 그대로 남아 있는 것을 보았다. 옛 모습 그대로인 방앗간을 보자 추억이 확 밀려들었다. 보폭을 줄여 어릴 적의 추억 속으로 걸어 들어갔다.

잎담배와 막걸리를 좋아하셨던 할머니는 항상 내게 심부름을 시키셨는데, 나는 빈 주전자를 팔에 대롱대롱 매달고 집에서 꽤 멀리 떨어져 있던 구멍가게에 막걸리를 받으러 갔다. 주전자 한 가득 막걸리를 받아들고는 낑낑대며 들고 오다 보면 주둥이로 막걸리가 찔끔찔끔 흘러넘치곤 했다.

중간에 주전자를 땅에 내려놓고 허리를 한번 쭉 펴면, 주전자

속에 들어 있는 들큰한 막걸리 향기가 나를 유혹했다. 나는 할머니와 엄마가 알아채시지 못할 정도만 홀짝홀짝 막걸리를 마시며 집으로 돌아왔다. 딴에는 들키지 않는다고 노력했지만 집 근처에 다다를 때면 다리에 힘이 풀리고 어느새 얼굴이 발개져 있었다.

그렇게 추억을 거닐며 옛 동네를 만났다. 시간이 흘러도 변치 않는 것들을 마주하면 지나간 시간들 속의 나를 만나 반갑기도 하고 감사하기도 하고, 울컥한 느낌이 들기도 한다. 그 과거의 시간들이 쌓이고 쌓여 지금의 나를 이루었을 것이다. 기억 속에서 희미해진 시간들, 그러나 오늘의 나를 있게 한 시간들. 과거를 통해 현재의 소중함을 느끼며 다짐한다.

'그래, 지금의 이 순간들이 또 미래의 나를 만들겠지. 그러니 세상의 분주함에 흔들리지 말고 나만의 시간을 살자. 내면이 외치는 소리에 귀 기울이며 살자.' 하고 말이다.

자연을 벗 삼아
단순하게 사는 삶의 선물

"자세히 보아야 예쁘다, 오래 보아야 사랑스럽다."

내 어린 시절을 둘러싸고 있던 추억의 대부분은 가족과 자연이다. 특히 풀, 꽃, 나무, 새, 작은 곤충까지 자연은 그 자체로 놀라운 섭리를 보여준다. 또한 우리가 미처 모르는 신비와 아름다움을 품고 있다. 다만, 자세히 보지 않기에 모르고, 모르니 보이지 않을 뿐이다. 누군가 나에게 가장 친한 친구가 누구냐고 묻는다면 나는 주저 없이 '꽃'과 '나무'라고 말할 것이다.

한 가지
생각

아낌없이 자기의 모든 것을 내어주는
감나무 같은 사람이 되고 싶다

내가 살던 고향에는 감나무가 많았다. 하지만 대부분 떫은 감이라 할머니는 그 감을 따다가 소금물에 담가놓으셨다. 그러면 떫은맛이 사라지고 단맛이 올라왔다. 그걸 울린 감 혹은 우린 감이라고 불렀는데, 나는 그 감이 단감보다 맛있었다. 감잎을 따다가 접시를 만들기도 했는데, 따뜻한 김에 쉽게 젖는 호박잎과 달리 감잎은 끄떡없이 짱짱해서 접시로 쓰기에 제격이었다. 집에서 떡을 만들 때도 감잎에 떡을 싸서 쪘다. 감잎에 싸서 찐 떡은 모양도 맛도 훌륭했다.

하지만 내가 감나무를 좋아한 진짜 이유는 따로 있다. 너무 예뻤기 때문이다. '아름다운 나무' 하면 바로 감나무가 연상될 정도로 내게 감나무는 특별하게 각인된 미감 어린 나무였다. 사실 감나무의 아름다움을 아는 사람은 많지 않다. 대부분 그저 감이 열리는 나무 정도로 생각할 것이다.

어릴 적, 겨울을 이겨낸 감나무 가지에 파릇하게 돋아나는 어린잎들을 보고서는 그 아름다운 생명력에 매료된 적이 있다. 그걸 알고 나면 누구라도 나처럼 감나무를 다시 보게 될 터이다. 처음 움트는 감나무의 잎은 연두색보다는 노란색에 가깝다. 그러고는 하루하루 조금씩 색이 진해지는데 그 사이에 가지에서는 감꽃

이 핀다. 감꽃은 자신의 존재를 휘황하게 드러내지 않고, 조용히
폈다가 진다. 예쁜 척하지 않고, 잘난 척하지 않고, 애써 자기를
드러내지 않아서 좋다.

감나무는 그랬다. 꽃이 활짝 피면 핀 대로 잎사귀가 무성하면
또 그런대로, 홀딱 헐벗고 잔가지만 가득해도 예쁜 것이 감나무다.

우리집 마당에 있던 큰 감나무는 비가 오면 우수수 노란 감꽃
을 떨궜는데, 나는 바구니를 들고 가서 떨어져내린 감꽃을 주워
목걸이를 만들곤 했다. 감꽃이 피었다 지고 그 열매가 익어 감이
되어 떨어지고 난 뒤에도, 감나무 잎은 조금씩 색이 진해지고 물
이 든다. 그러다 겨울이 오기 바로 전에 가지에서 후두둑 떨어진
다. 한 번에 빠르게 자라는 것이 아니라 조금씩 천천히 자라는 감
나무 잎은 감동 그 자체다. 꽃과 열매에게 기꺼이 양분을 양보하
느라, 일부러 느리게 자라는 것 같아서 어쩔 때는 숭고하게 느껴
질 정도다.

계절따라 감나무의 표정도 달라진다. 나는 그 변화가 주는 기
운에 마음을 맡기곤 한다. 잎이 다 떨어진 감나무는 또 얼마나 멋
있는지…. 자신의 맨몸을 드러내 놓고도 자랑스럽게 서 있는 모
습에는 부끄러움 없이 열심히 살았다는 자신감마저 느껴진다. 앙
상한 감나무를 볼 때마다 나도 감나무처럼 부끄럽지 않게 살아야
겠다는 다짐을 했다면 이상하려나?

앙상한 감나무 가지에 이슬이 맺히고, 서리가 내려앉고, 눈이

꽃이 활짝 피면 핀 대로 가지가 앙상하면
또 그런대로 예쁜 것이 감나무다.

소복해지면 이상스레 내 가슴에도 바람이 분다. 감나무는 예순을 앞둔 나에게 이렇게 큰 선물을 주었다. 하지만 그토록 오래 감나무를 사랑하면서도 그저 좋은 눈길 말고는 준 게 없어 가끔은 미안해지기도 하는 것이다.

자연은 가장 좋은 벗이요, 스승이다

수십 권의 철학서를 독파하거나 번개 같은 깨우침으로 후세에 남을 세계관을 설파하는 사람이 되는 일은 정말 어렵다. 아무나 할 수 있는 일도 아니고 누구나 바라는 일도 아니다. 자연이 주는 깨우침에 관해서는 어떤가?

자연은 끊임없이 무언가를 알려주려고 애쓴다. 보고 있으면 저절로 알게 되는 이치 같은 것을 쉬지 않고 표현하지만 윽박지르거나 강요하지는 않는다. 그래서인지 자연에서 무언가를 배우면 무척이나 편안하고 유연하다. 자연은 눈을 들어 관심을 가지면, 조금만 자세히 들여다보면 뭐라고 하는지 그 속삭임이 전부 들린다.

어릴 적부터 그런 나를 보고 또래 친구들은 '조금 이상한 애'라고 생각했다는 말을 듣고 한참을 웃은 적도 있다. 그도 그럴 것이 학교가 끝나면 꽃이 예쁘게 핀 거리를 지나오려고 먼 길을 돌아가는 일이 잦았기 때문이다. 어제 본 꽃도 오늘 보면 달랐다. 미세한 변화였지만 자세히 들여다보면 하루하루 꽃의 자태와 표정이 달라지는 게 느껴졌다.

그런 변화가 참 신기했다. 그렇게 하루가 모여 일주일이 되고, 한 달이 되고, 계절이 바뀐다는 사실이 내 마음을 사로잡았다. 하나의 계절이 가면 어김없이 다른 계절이 오고, 계절따라 다른 꽃과 나무들이 날 반겨주는 것이다. 작년 봄에 봤던 꽃이 올봄에 다시 나를 만나러 온다는 생각에 늘 설레는 기다림이 가득했던 듯싶다.

그렇게 꽃과 나무가 첫 얼굴을 내미는 때를 손꼽아 기다리는 게 내겐 큰 행복이다. 사계절 파란 대나무는 사실 별로다. 철마다 잊지 않고 졌다가 다시 돌아오는 꽃들이 좋다. 찰나의 만남이지만 그 찰나의 만남 속에서 시간의 흐름도, 돌고 도는 자연의 섭리도 깨달으며 나는 영감을 받는다. 꽃과 나무가 보여주는 색은 또 얼마나 아름다운지. 아무리 예쁜 옷이라도, 예쁜 물건이라도 자연의 색이 보여주는 아름다움에 비할 수는 없다. 꽃과 나무, 들과 산은 가장 아름다운 그림이었고 나는 매일 자연이라는 그림에 빠져 살았다.

나무가 숲을 이루듯,
오늘의 일상이 삶이 된다

"아직도 나무만 보고 계시는 거예요?"

한참을 있다가 와서 봐도 같은 자리에서 나무만 보고 있다고 딸아이가 말해 한참을 같이 웃었다. 나의 휴식 시간은 멍하게 자연을 보는 일이 대부분이다. 잠깐 멍해 있는 시간 없이 하루를 운용하면 몸이 아프고, 정신과 마음까지 아프다. 자연이 잠시 기대어 쉬라고, 휴식을 취하라고 권할 때는 그렇게 하는 게 좋다. 그저 멍하게 있는 것 같아도 어느새 자연은 사람에게 들어와 메시지를 남기고 다시 돌아간다.

기다림 속에서 무르익고
깊어지는 자연의 섭리

나는 어릴 때부터 항상 목화와 함께 자랐다. 하굣길에는 항상 할머니 목화밭에 들리곤 했다. 내가 목화를 좋아했던 이유는 목화에서 나오는 다래 때문이었다. 목화꽃이 피었다 지고 나면 몸을 오므리는데, 이때 생기는 알맹이가 바로 다래다. 달달한 다래를 따먹고 예쁜 목화꽃도 볼 수 있는 할머니의 목화밭은 나의 가장 좋은 놀이터였다.

날이 추워지고 목화에서 솜이 나오기 시작하면 목화솜을 땄다. 솜을 이용해서 이불을 만들기도 하지만 솜에서 실을 빼서 무명을 만들기도 했는데, 목화에서 실을 뽑아내는 것은 보통 일이 아니다. 그때는 마냥 신기하게만 느껴졌지만 철이 들자 그것은 단순 작업이 아닌 사람의 혼이 실리는 일이라는 것을 알게 되었다.

사람의 손길로 그 미세한 놀림으로 침을 묻혀 뽑아내는 실이 옷감이 되고, 그 옷감이 이불과 옷이 되는 것은 매일 마주하는 일상이라고 여기기에는 뭔가 거룩함이 담겨 있었던 것이다. 그렇게 목화솜과 무명을 다룬 경험 때문인지 지금도 가장 정신적인 옷감을 떠올릴 때면 일순위가 무명이다.

할머니는 목화솜과 무명으로 옷이나 이불을 지어 장에 내다 팔곤 하셨다. 할머니를 따라 장에 가는 날이면, 나는 물건 팔 생각은 안 하고 물감장수에게 가서 물감을 구경하는 것에만 온통 정신이 팔려 있었다. 우리가 가져간 물건이 잘 팔리는 날이면 나는 할머니를 졸랐다.

"할머니, 우리 물감 사가지고 가요."

"에이, 요 녀석! 그래, 고운 물감 사가지고 가자."

할머니는 손녀의 채근에 못이기는 척 물감을 사셨지만 사실은 염색을 하시는 데에 남다른 손재주를 갖고 계셨다.

염색은 참으로 신비로운 일이었다. 옷감은 하나의 화폭이 되었고, 그 안에서 아름다운 색감과 그림이 자유자재로 노니며 춤을 췄다. 마당 한복판에 대나무 장대를 세워두고 그 사이에 빨랫줄

염색은 참으로 신비로운 일. 오랜 시간 자연에 의지해 기다려야 하는 일이다.
기다림의 미학 속에서 자연과의 동화를 가능케 하는 행위다.

을 걸어 곱게 물든 원단들이 말라가는 장면을 보는 게 그렇게 좋았다. 아름다운 색감으로 물이 든 옷감들이 바람에 나부끼는 걸 보고 있노라면, 영화보다 멋진 장면이 연출되었다.

특히나 염색은 오랜 시간 자연에게 의지해 기다려야 하는 일이다. 무조건 빨리 빨리를 외치는 요즘의 삶과는 사뭇 다른, 기다림의 미학 속에서 자연과의 동화, 일체를 가능케 하는 행위였다. 할머니와 고향이 있는 풍경을 생각하면 아직도 절대적인 미감과 아름답고 평온한 풍경을 목도하던 순간들이 눈앞에 펼쳐지는 것만 같다.

한치 앞을 모르는 우리네 인생과
닮은 거미와 거미줄

어린 시절, 내 가방에는 작은 돋보기가 들어 있었는데, 길을 걷다가 신기한 풀이나 꽃, 곤충이 있으면 돋보기를 꺼내 자세히 들여다보곤 했다. 그중에서도 관심을 가진 것은 거미줄이었다. 시골에는 어디를 가더라도 쉽게 찾아볼 수 있는 것이 거미줄이다. 근데 자세히 관찰하면 모양이 조금씩 다 다르다. 거미마다 크기와 모양, 재주가 다르니 거미줄의 모양도 다 다른 것이다. 거미줄 생김새의 차이를 발견하는 것이 참으로 재미있었다.

거미줄의 모양을 보면서 거미가 어떤 순서로 거미줄을 쳤는지 생각해보기도 했다. 한번은 키가 큰 탱자나무에 걸린 거미줄에 이슬이 맺혀 있는 것을 보았는데, 거미줄에 맺힌 이슬이 새벽녘의 황금빛에 물들어 영롱하게 반짝이고 있었다. 감수성이 예민한 중학생 소녀였던 내게 그 모습은 더할 나위 없는 아름다움 그 자체였다.

어릴 때는 잘 몰랐는데 나이가 들고 나니 거미의 삶이 인간의 삶과 비슷하게 느껴졌다. 이리저리 부지런히 왔다 갔다 하면서 자신만의 세계를 만들어가는 거미. 갈팡질팡하며 맴돌다가도 시간이 지나면 나름의 인생을 만들어가는 인간과 닮아 있지 않은가?

거미가 거미줄을 치기 위해 수없이 좌우로 움직이는 것은 언뜻 의미 없어 보일지 몰라도 견고하고 튼튼한 자신의 세계를 만드는 가장 중요한 행위이다. 때로는 바람을 타고 흘러내리기도 하고, 때로는 부단히 몸을 놀리기도 한다. 인간도 마찬가지다. 수없이 흔들리고 고민하는 일상이 무의미해 보여도 인생 전체를 놓고 보면 매 순간 순간이 중요하다.

그러나 인간의 비극 역시 거미와 다를 것이 없다. 거미줄을 통째로 한눈에 볼 수 있는 혜안은 거미가 거미줄을 만들고 있을 때는 생겨나지 않는다. 거미줄을 다 만들고 떨어질 때 비로소 자신이 지어낸 거미줄이 한눈에 보이는 것이다. 우리네 삶도 이와 닮왔다. 지금 어디에 있는지, 무엇을 하려고 그토록 안간힘을 쓰며 매달려 있는지 늘 한참 지난 후에야 알게 되니 말이다.

사람 숙제를
쌓아두지 않기 위해
알아야 할 것들

　나는 성격상 미뤄두는 것을 굉장히 싫어한다. 미룰수록 나중에 일이 커질 것이란 사실을 아주 일찍 깨달았기 때문이다. 어렸을 때 학교에서 숙제를 내주면 집에 돌아오자마자 숙제부터 했다. 심지어 방학숙제도 방학한 지 일주일 안에 다 끝낼 정도였다. 그렇다고 절대로 대충하지는 않았다. 곤충채집이나 식물채집 같은 숙제가 있으면 나는 아예 도감처럼 만들어가야 직성이 풀릴 정도였다. 또래 아이들이 꽃잎 따다가 공책에 붙일 때 나는 뿌리와 줄기까지 뽑아서 붙이는 아이였다.

애써 번잡한 인연을 만들기보다는
좋은 사람들과 평온하게 살자

결혼을 해서 아이를 낳았을 때도 나의 이런 성격은 유감없이 발휘됐다. 밤에 아기 귀저기를 갈면 아침에 모았다가 빠는 것이 아니라 그때그때 더러워진 기저귀를 빨아 널었다. 깨고 나면 젖어 있는 기저귀가 하나도 없어야 개운했기 때문이다.

사람과의 관계도 마찬가지다. 사람을 사귈 때에는 각자가 서로에게 기대하는 바가 있다. 이런 기대치에 부응하려고 노력하는 것을 나는 사람숙제라고 부른다. 내 성격은 사람숙제가 쌓이는 것도 잘 못 견디는 편이다.

그럼 사람숙제는 어떻게 풀어내야 할까? 가장 좋은 방법은 오는 사람을 마다하지 않고 가는 사람을 붙잡으려 하지 않는 것이다. 사람 인연을 인위적으로 바꾸려 하지 않는다는 말이다. 많은 사람들이 사람숙제를 어려워하는 이유는 억지로 관계를 좋게 만들려고 하거나 무리하게 끝내려고 하기 때문이다.

그러나 사람이 인연을 맺고 유지하는 데도 자연의 섭리가 있다. 나는 싫은 사람이 다가오면 그 사람을 밀어내기보다는 받아들여서 내 사람으로 만든다. 밀어내는 힘이 받아내는 힘보다 더 들기 때문이다. 나에게서 멀어지려는 사람의 옷자락도 애써 잡지 않는다. 이미 내게서 마음이 떠난 사람을 붙잡는 것은 미련이고 집착일 뿐이다.

　사람문제에 있어서만큼은 숙제를 푸는 것보다 숙제가 쌓이는 것을 막는 게 더 중요하다. 그 방법도 간단하다. 많은 사람과 사귀지 않는 것이다. 감당하기 벅찰 정도로 많은 사람들과 관계를 맺으면 그만큼 사람숙제가 쌓일 수밖에 없다. 너무 번잡한 관계는 오히려 삶을 망친다. 간혹 사람숙제를 푸는 것에 정신이 팔려서 정작 중요한 일, 자신이 해야 할 다른 일을 외면하는 사람들도 많다. 서로 진정으로 위해주고 이해해주는 사람 몇 명만 있으면 그것으로 족하다. 숙제는 가급적 만들지 않되, 생기면 어서 하는 것이 가장 좋다.

곁에 있는 이들에게 선한 영향력을 미치는 사람이 되고 싶다

　나는 숙제를 잘하기 위해 삶을 단순하게 재편하는 쪽을 택했다. 어릴 때는 탐구생활 한 권, 받아쓰기 몇 장 해가면 되는 게 숙제였다. 그러나 나이가 들수록 삶은 더 어려운 숙제를 던져주고, 그것을 풀기 위해서는 숙제할 시간을 많이 벌어두는 것이 유일한 방법임을 알게 되었다. 그리고 시간이 부족하니 숙제를 덜 받는 쪽으로도 촉각을 곤두세웠다.

아이들과 남편이 있는 사람, 한복을 짓는 사람. 이 두 가지 역할이 주는 숙제는 매일 다락같이 쌓여갔다. 아이들의 엄마, 아내, 며느리로서의 역할, 한복을 공부하고 한복을 짓고 또 한복을 입히고 가르치는 사람으로서의 역할을 하다 보면 해가 지고 밤이 왔다. 시간은 부족하고 할 것은 넘쳐났으며 나는 더 일찍 자고 더 일찍 일어났다. 아침 시간은 더디 가고 밤 시간은 빨리 가는 이상한 셈법도 그때 알게 되었고, 감당하지 못할 숙제는 만들지 말자는 결심도 그때 하게 되었다.

그렇게 검박한 일상을 추구하다 보니 숙제는 줄고 대신 여유가 생겨났다. 그때는 내 마음이 주는 숙제를 했다. 더 깊은 사람, 더 넓은 사람이 되고자 노력하는 것이다. 누군가에게 본보기가 될 수 있는 사람, 선한 영향력을 줄 수 있는 사람, 같이 있으면 이내 마음이 편해지는 사람, 세상을 더 아름답게 보도록 만드는 사람. 그런 사람이 되는 게 지금의 내 숙제다.

사람의 인성은
옷 입는 것에서
시작된다

　많은 사람들이 남들과 달라 보이고 싶어 하고, 자신이 특별한
사람이 되기를 갈망한다. 당연한 이야기다. 모든 인간은 자신만
의 고유한 가치를 인정받고 싶어 하는 법이니까. 그런데 그런 욕
망이 너무 과도해지고 있다는 생각이 든다. '유행'이 모든 것을 휩
쓸고 있는 형국이다. 그래서인지 요즘 패션은 철학이나 소신 없
이, 유행에 따라 너무 이리저리 바뀌고 흔들린다.
　패션 관계자들은 내게 한복에도 유행이 있는지 묻는다. 당연히
한복에도 유행이 있다. 저고리의 역사만 봐도 시대마다 유행하는
옷이 얼마나 다른지 알 수 있다. 그런데 유행은 항상 돌고 돌아서

다시 제자리로 온다는 것을 잊어서는 안 된다.

무엇보다 중요한 것은 유행에도 흔들리지 않는, 넘어서지 않는 '선'이 있다는 점이다. 한복은 그 선을 적당히 잘 지키는 옷이다. 아무리 파격적이고 화려한 한복이라도 항상 일정한 선을 넘지 않으며, 한복 고유의 철학을 잃지 않는다. 그것은 한복의 단정함 때문이다. 그 단정함에서 나오는 아름다움이 바로 '단아함'이다.

유행이 아닌
나만의 스타일을 입어라

나는 유행을 선도하거나 따라가는 사람이 아니다. 나만의 스타일을 지키는 것이 더 중요하다고 생각해서 한복을 만들면서도 나의 개성과 취향을 고수한다. 나는 아주 예전부터 18세기 저고리의 배래 스타일을 고집하고 있다.

우리가 익히 알고 있는 헐렁하고 펑퍼짐한 배래가 아니라 딱 달라붙는 스타일이다. 이런 배래가 편리하면서도 아름다운 맵시를 보여준다고 생각했다.

예전에는 손님들 중에서 내 저고리를 보고 이렇게 방정맞은 저고리가 어디 있느냐며 따지거나 반품을 하는 사람들도 있었는데 그만큼 당시에는 파격적인 스타일이었다.

하지만 나는 내 스타일을 고수했다. 어차피 유행은 돌고 도는 것. 언젠가는 내 스타일이 유행하게 될 거라는 것을 알고 있었기 때문이다.

가게를 하다 보면 10년, 20년 전에 맞춘 한복을 들고 와서 똑같이 만들어 달라고 주문하는 손님들이 있다. 나는 그런 손님들이 반갑다. 지금처럼 시류에 휩쓸리기 좋은 시절에 자신이 좋아하는 것을 고집하는 사람들을 만나는 것은 아주 즐거운 일이다.

나는 전통보다 더 멋진 유행을 본 적이 없다. 한복에 현재 패션의 유행을 접목시키려는 의도 자체는 좋을 수 있지만 전통이 가지고 있는 아름다움의 정수까지 파괴해가며 만드는 한복에 대해서는 좋지 않게 생각한다. 한복을 입을 때는 특히나 요즘 유행하는 것에만 눈을 두지 말고, 우리 조상들이 어떤 멋을 내기 위해 한복을 입었는지를 생각해야 한다.

'멋'이라는 것은 유행을 따라 한다고 해서 생기는 게 아니다. 그것의 가장 본질적인 가치와 쓰임을 인지하고, 그 바탕 위에서 자신만의 취향과 스타일을 발견하고 지켜나갈 때 비로소 나만의 멋이 완성되는 것이다. 무작정 최신 유행을 따라 해서는 멋스러워질 수가 없다.

옷이 사람의
태도를 바꾼다

옷을 짓고 입히는 사람으로서 옷에 따라 사람의 인성과 태도
가 달라지는 걸 절감한다. 그래서 옷을 통한 교육, 특히 한복을 통
해 인성교육이 가능하다는 것을 믿고 있다. 이것은 내가 앞으로
해야 할 일 중 하나라고 생각한다.

항상 나에게 좋은 가르침을 주는 장만채 교육감에게 이런 이
야기를 했더니 '재능기부부터 시작해보라'며 초등학생들에게 한
복을 지어주는 활동을 함께 하자고 했다. 딱 내가 바라던 일이었
다. 나는 옷에 따라 사람이 변한다고 믿고 있다. 거지에게 왕의 옷
을 입히면 거지가 왕이 되고, 왕에게 거지 옷을 입히면 거지가 되
듯이 말이다. 옷에는 사람의 정신이 담겨 있기 때문이다. 때로는
외연이 내면을 규정하고, 내면이 외연을 통해 본질을 드러내고는
한다. 특히 인성이 형성되는 시기에 옷에 대한 교육을 하는 것은
올바른 가치를 심어주는 일만큼이나 중요하다. 그중 우리의 정신
과 문화가 담긴 한복을 바르게 입는 교육이야말로 기본 중에 기
본이 아니겠는가.

나는 장만채 교육감을 도와 전남지역 초등학생들에게 한복을
디자인하고 지어주기 시작했다. 처음에는 아이들이 낯선 한복에
적응하지 못하면 어쩌나 걱정을 했는데 괜한 걱정이었다. 어른들

보다 아이들이 한복을 더 좋아했다. 무엇보다 아이들에게 평상복이 아닌 한복을 입히자 아이들의 태도가 눈에 띄게 달라져가고 있다. 한복을 입은 아이들은 함부로 행동을 하지 않았다. 평소처럼 과한 장난도 치지 않았고 예의 없이 굴지도 않았다.

현재 전라남도의 네 개 초등학교에서 일주일에 한 번씩 아이들에게 한복을 입힌다. 그리고 점점 다른 학교들도 이에 동참하고 있다. 학교 동문회가 자발적으로 아이들에게 한복을 사 입히는 곳도 있다.

나는 이러한 변화가 너무나 자랑스럽다. 우리 아이들이 한복을 통해 바르게 자라는 것보다 더 좋은 것이 있을까? 우리 옷을 짓는 사람으로서 당연히 해야 할 나의 의무이자 가장 큰 기쁨이다.

작은 등 하나라도
밝히고 가는 삶이
아름답다

    나이를 먹어 가면서 내 일만 잘하면 된다는 생각에 조금 변화가 왔다. 한복을 만드는 후배들에게 더 멋진 미래를 만들어줄 순 없을까 하는 고민도 생기고, 뭔가 작은 것 하나라도 남겨주고 가야 하지 않나 하는 생각도 든다. 대단한 업적을 남기겠다는 것이 아니다. 그저 30년 넘게 한복을 지어온 선배로서의 책무와 도리를 하고자 하는 것뿐이다.

하기로 했으면 하는 것,
그것이 어른으로의 시작이다

1986년, 아시안 게임의 성화가 서울에서 올랐다. 그해 코엑스도 개관을 했는데, 개관 행사에서 조선 왕실의 복식을 전시했다. 다양한 왕실 한복을 전시했는데 그중 가장 중요한 왕의 옷을 내가 담당하게 되었다. 허영 삼촌의 추천이 주효했다. 나는 왕의 옷을 전공한 사람이 아니었기에 왕의 옷을 만들어본 적이 없었다. 당시에는 왕의 옷에 관련된 자료도 턱없이 부족했고 참고할 자료도 많지 않았다. 참고할 만한 자료라고는 유희경 박사님과 각 대학교수님들이 만든 왕의 복식 논문과 몇 권의 책이 전부였다.

책만 가지고 왕의 옷을 만들 수는 없었다. 대부분의 책들은 한복을 만드는 사람이 아닌 한복을 연구하는 사람들이 쓴 것이라서 옷에 대한 기본 정보가 부족했고 잘못된 정보가 들어가 있기도 했다. 한 가닥 희망이라고는 박물관 유물들뿐이었다. 나는 박물관을 찾아가 사정을 설명하며 왕의 옷을 자세히 살펴볼 수 있게 해달라고 부탁했다. 하지만 돌아오는 것은 단호한 거절뿐. 하는 수 없이 책만 가지고 왕의 옷을 복원할 수밖에 없었다. 실물도 제대로 보지 못한 채 왕의 복식을 만들어야 한다는 생각에 눈앞이 캄캄했다.

"선생님, 자료는 턱없이 부족하고 어떻게 해야 할지 모르겠어요."

유희경 박사님께 솔직히 고민을 털어놓았다.

"김혜순이라면 잘할 수 있을 거예요. 걱정 말고 열심히 해봐요."

유 박사님의 조용한 다독임에는 내 투정을 일시에 거두는 묵직함이 숨어 있었다.

'그래, 어떻게든 길을 찾아보자.' 주저앉아 한탄이나 해서는 해결책을 찾을 수가 없었다. 어떻게든 스스로 방법을 찾아내야 했다.

자료가 다 정리되자 왕의 복식만을 위한 옷감을 짜기 시작했다. 전시회까지는 약 6개월 정도의 시간이 남아 있었는데 옷감을 짜는 데만 3개월이 걸렸다. 옷뿐만 아니라 머리에 쓰는 것부터 신발, 각종 장신구까지 다 마련해야 했기에 시간이 상당히 빠듯했다. 시간이 지날수록 자신이 없어졌고, 잠도 오지 않았다.

늘 그랬듯이 "하기로 했으면 완벽하게 해내야 해."라며 나를 채근하면서 마음의 고삐를 단단히 틀어쥐는 수밖에 없었다. 생각해보면 이것처럼 좋은 말도 없다. 하기로 했는데 어떻게 안 하나. 하기로 했으면 완벽하게 해내야 하는 것이다.

드디어 옷감이 완성되었다. 여태껏 만져본 적 없는 최고급 원단이었다. 막상 옷감을 받고 나니, 내가 왕의 옷을 만든다는 사실을 실감했다. 3개월 간 정말 하루도 쉬지 않았다. 왕의 옷이다 보니 기계를 쓸 수 없어 전부 손바느질을 해야 했고, 바느질 실력이 뛰어난 선생님들의 도움으로 겨우 시간에 맞춰 옷을 만들 수 있었다.

반응은 예상을 뛰어넘었다. 가장 반응이 좋았던 것은 구장복. 드라마에서 곤룡포나 보던 사람들이 조선의 방식으로 옷감을 짜고 바느질한 진짜 왕의 복식을 눈으로 보고는 찬탄을 보내왔다. 그러나 그 반응을 지켜보는 기쁨 이면에는 완벽하게 복원하지 못한 데 대한 아쉬움이 자리했다. 그때부터 언젠가 꼭 제대로 된 왕의 옷을 만들어보고 싶다는 꿈을 마음속에 품게 되었다.

500년을 이어온 조선왕조,
역사와 함께한 왕의 옷을 복원하다

그로부터 15년이 지나, 내 꿈을 이룰 수 있는 기회가 찾아왔다. 2001년 역사박물관 개관식에 왕의 옷 전시회를 열자는 제안이 들어온 것이다. 예전에 왕의 옷을 복원해봤던 이력과 문화체육관광부 한복의 날 행사 관련 회의에 참석했던 것이 주효했던 모양이다. 15년 전 왕의 복식을 복원했을 때의 기억이 떠올랐다. 이번에야말로 왕의 옷을 제대로 복원해보자는 생각으로 자료조사를 시작했다.

15년이라는 세월 동안 많은 것이 바뀌어 있었다. 새로 발굴된 유물들도 있고 전보다는 많은 자료들이 축적되어 있었다. 나는

지난번에 유물 확인을 거부했던 박물관들을 다시 찾았다. 몇몇
박물관에서는 어김없이 내 부탁을 거절했다. 그러나 몇몇 박물관
에서는 내가 하는 일의 취지에 공감한다며 적극적인 협조를 해줬
다. 왕의 옷을 보러 가던 날, 실제 왕이 입었던 옷을 직접 볼 수 있
다는 사실에 가슴이 두근거려 진정이 되지 않았다. 그러나 실물
을 확인하는 순간, 내 기대는 실망으로 바뀌었다. 대부분의 유물
들이 관리가 제대로 되지 않아 옷감이 다 삭아 있었다. 눈앞에 유
물이 있었지만 복원해낼 것이 아무것도 없었던 것이다. 가슴이
아팠다. 세상에 둘도 없이 화려했을 옷이 지금은 그 빛을 잃고 사
그라져가고 있었다. 사진을 찍지 못하게 해서 한참 동안 바라보
며 두 눈에 그 모습을 담았다.

　그때 한 가지 흥미로운 걸 발견했다. 옷에 바느질한 흔적이 보
이지 않았던 것이다. 옷 안쪽을 살펴보고 싶었지만 유물에 함부
로 손을 댈 수 없어 포기해야 했다. 집에 도착해서도 바느질 흔적
에 대한 생각이 떠나지 않았다. 다른 유물을 보고 제대로 확인을
해야 의문이 풀릴 것 같았다. 결국 박물관의 허락을 받고 그곳을
찾아갔다.

　나는 최대한 유물을 훼손시키지 않겠다고, 소중히 다루겠다고,
왕의 옷이 지닌 비밀을 풀 수 있게만 해달라고 간청했다. 한참을
고민하던 그들은 내게 제안을 했다.

　다시 갔던 박물관에서 보관 중인 왕의 옷은 전에 봤던 유물보

다 상태가 좋았다. 비로소 왕의 옷이 지닌 오라가 느껴졌다. 나는 그 에너지에 압도되었다. 이전에 봤던 유물보다 화려한 색과 무늬가 눈에 띄었다. 옷감이 민짜였던 이전 유물과는 달리, 커다란 용무늬가 직조되어 있는 옷이었다. 사진을 찍고 유물을 조심스레 뒤집어봤다. 그제야 바느질 흔적이 보이지 않았던 이유를 알게 되었다. 올을 빼서 바느질을 했기 때문에 보이지 않았던 것이다. 순간 선인들의 지혜에 소름이 돋아 그 자리에 주저앉을 뻔했다.

왕의 옷을 복원하는 내내 가슴속에서 뜨거운 무언가가 차올랐다. 15년 전보다 더 열과 성을 다해 옷감을 짜고 바느질을 했다. 무언가에 홀린 듯이 옷을 만들다 보니 몇 개월이라는 시간이 훌쩍 지나갔다. 복식 이외에 관과 신발과 같은 장신구들은 인간문화재 또는 그에 준하는 선생님들께 부탁을 드렸다.

이윽고 막이 올랐다. 나의 걱정과 달리 왕의 옷 전시는 폭발적인 반응을 얻었다. 우리의 역사와 함께 맥을 이어온, 우리 민족과 함께 살아 숨 쉬는 아름다움을 그대로 보여줄 수 있어서 나도 기뻤다. 역사적으로 한 왕조가 500년 동안 지속된 사례는 손에 꼽힐 정도다. 그런 의미로만 보더라도 조선은 대단한 나라다. 500년이란 긴 시간 동안 왕의 옷에도 수많은 역사가 담겼다.

그럼에도 왕의 옷에 대한 역사를 제대로 아는 사람은 많지 않다. 복식사를 연구하는 사람들은 많았지만 그들도 섣불리 나서서 책을 낼 수 없었을 것이다. 그렇다고 이렇게 훌륭한 역사와 문화를 이대로 방치하는 것은 너무 아까운 일이라는 생각이 들었다. 나는 조선 왕의 옷의 위대함을 널리 알리기 위해 책을 써야겠다고 마음먹었다.

누군가의 앞길에 작은 등불을 밝히는 것, 어른으로서의 책무를 다하는 길

막중한 일을 혼자서 할 수는 없었다. 왕의 옷을 책으로 쓰려면 한복에 대한 조예뿐 아니라 역사와 문화에도 밝아야 했다. 역사를 기반으로 한 왕의 옷의 변천을 잘 아는 전문가의 도움이 절실했다. 유희경 박사님의 논문을 받아서 왕의 복식에 대한 공부를 다시 시작했지만 쉽지 않았다. 특히 어떻게 풀어내야 할지가 문제였다. 복잡하고 어렵게 쓰면 많은 사람들이 볼 수가 없고 너무 쉽게 쓰면 깊이가 없을 터였다.

만만치 않은 작업이었고, 무엇보다 자료가 절대적으로 부족했다. 유물이 있는 경우도 있지만 없는 경우가 더 많았는데, 유물이 없는 경우에는 역사에서 유추해볼 수밖에 없었다. 그 모든 과정에서 유희경 박사님의 도움은 한줄기 빛과 같았다. 박사님의 도움이 없었다면 그 책은 세상에 없을 것이었다.

《왕의 복식》이라는 책은 세상에 나오기까지 9년이라는 긴 시간이 걸렸다. 새로운 유물이 발견되어서 기존의 내용을 뒤엎는 일도 비일비재했다. 그럼에도 이 책을 쓴 것이 스스로 잘한 일이라 생각하는 몇 안 되는 일 중의 하나다. 한복장이로 살면서 우리의 옷, 우리 왕의 옷에 관한 고증과 연구가 너무도 부족함에 놀랐다. 그러곤 누군가 해야 한다면, 다른 이에게 책임을 떠넘길 게 아니라 내가 해야겠다는 결심을 하게 되었다. 대단한 업적을 남기겠다거나 내가 한복업계를 대표하는 사람이라는 생각 때문이 아니라, 오래 한복을 지어온 사람으로서의 책임감 같은 것이었다.

30년이라는 세월을 한복과 함께 살아오다 보니, 나이가 든다고 해서 저절로 어른이 되는 것이 아님도 알게 되었다. 특히 한업계에서 선생님이 소리를 듣는 것도 단지 경력만으로 논할 일이 아니다. 나는 나이, 숫자로만 어른 대접을 받고 싶지 않았다. 그에 따르는 책임도 함께 져야 한다는 생각이 들었고, 나의 스승들이 그랬듯이 나도 후배들에게 뭔가 줄 수 있는 어른이 되고 싶었다.

한복을 하는 이들 중, 지식과 경험이 부족해서 어려움을 겪는 이들이 있다면 그들에게 조금이나마 도움이 되고 싶었다. 그것이 먼저 인생을 산 자, 어른 된 자, 선생 된 자의 책무가 아니겠는가. 부족하나마 왕의 복식에 관해 정리된 책 하나를 남겼다는 것이 그래도 어른으로서 아주 작은 소임 하나는 해냈다는 기분이 든다. 나의 선생들이 내 앞길을 밝혀 주었듯이 이제는 내가 나도 누군가의 앞길을 밝혀 주는 작은 등이 될 차례.

이제 나도 누군가의
푸르른 산이 되어야 한다

"누님, 사람은 다 가는 거요. 나도 곧 가요."

엄마 영정 앞에서 이렇게 말씀하시던 허영 삼촌은, 이듬해 돌아가셨다. 몸이 아프시고는 1년 동안 병상에 누워 계셨는데 더 견디지 못하신 것이다.

"나는 짧고 굵게 살다 가고 싶구나."

삼촌의 나이 53세, 생전에 늘 하시던 말씀대로 삼촌은 그렇게 떠나셨다.

내게는 넘어야 할 큰산,
그러나 축복

올라야 할 산이 있다는 것은 축복이다. 큰산이 가까이에 있어 나를 오르게 하고, 때론 쉬게 하고 기대게도 하면 팔다리에 힘도 생기고 허파꽈리도 커진다. 이윽고 높은 곳의 공기도 맛볼 수 있게 되고 멀리 보는 시야도 갖추게 되는 것이다. 오르고 싶은, 올라야 할 산이 없으면 절대로 일어날 수 없는 일이다. 푸르고 견고한 존재감을 보여주는 산이 있다는 것은 가슴 벅찬 축복이다. 내게는 허영 삼촌이 그런 존재였다.

엄마가 날 낳아서 키워준 사람이라면 삼촌은 지금의 나, 한복 장이 김혜순을 만든 사람이다. 허영 삼촌은 어려서부터 나를 예뻐해주셨고 나도 그런 삼촌을 잘 따랐다. 내 눈에 삼촌이 하는 일은 다 좋아 보였고 삼촌이 주는 물건은 다 진귀해 보였다. 나중에는 삼촌 물건과 내 물건의 경계가 없어질 정도로 어느새 우리는 취향과 안목을 공유했다.

삼촌은 내가 성인이 되기 전에 고향을 떠났다. 아주 가끔 집안에 경조사가 있을 때 얼굴을 본 것이 다였다. 그런데 내가 결혼하고 얼마 되지 않았을 때였다. 일손이 부족하다며 공방에 나와서 도와달라고 부탁을 하셨고, 그 일을 계기로 나는 한복을 배우게 되었다. 그 뒤로 나는 그림자처럼 삼촌 뒤에서 삼촌의 한복을 만들었다.

삼촌은 대단히 재주가 뛰어날 뿐만 아니라 머리가 비상한 분이셨다. 당시 한복집에서는 마땅한 마네킹이 없어 서양인의 모습을 한 일반 마네킹에다가 한복을 입혀서 디스플레이를 했다. 그런데 삼촌은 그게 마음에 걸리신다며 한국인들의 체형과 얼굴을 한 마네킹을 당신이 손수 만드셨다.

같은 한복이라도 일반 마네킹에 입한 것과 삼촌이 만든 마네킹에 입한 것은 차원이 달랐다. 삼촌은 마네킹에도 혼을 불어 넣었고, 마치 실제 사람을 대하듯이 하셨다. 내게 "그 인형을 가져와라."라고 말씀하시지 않고 "그 아이 데리고 와라."라고 하실 정도였으니 말이다.

바느질을 잘 못하시던 삼촌은 머리로 한복을 만들었다. 삼촌 머릿속에서 완성된 한복이 내 손끝에서 태어나는 식이었다. 우리는 환상의 복식조였다. 하지만 가끔 의견 충돌이 일어날 때도 있었다. 둘 다 한복을 좋아했지만 선호하는 스타일이 확연히 달랐기 때문이다.

삼촌은 무채색을 좋아했고 나는 화려한 색을 좋아했다. 삼촌이 좋아하는 단색을 달아놓으면 나는 거기에 꼭 조그마하게라도 꽃을 그려 붙였다. 그런 과정을 통해 삼촌과 나는 서로를 더 이해하게 되고, 다름을 받아들이며 스스로를 더욱 발전시켰다. 어린 마음에 고집을 부리곤 했지만, 당시의 삼촌은 내게 존경의 대상이었고 사실 나는 감히 삼촌에 견줄 깜냥도 되지 못했다.

그러던 어느 날이었다. 한복 관련 학회에 참석했다가 평소 알고 지내던 민화 그리는 선생님을 뵈었다. 나를 보고 반갑게 다가오시더니 대뜸 이렇게 말씀하셨다.

"김 선생님, 오랜만이야. 선생님 병풍 뒤에 가린 거 내가 다 알아."

내가 삼촌 뒤에 가려져 있다는 걸 말하는 거였다. 나쁜 의도로 그런 말을 한 것은 아니겠지만 그럼에도 나는 적잖은 충격을 받았다. 남들 눈에는 내가 그렇게 보이는 것일까. 삼촌 그늘에 가려진 존재가 미약한 사람….

삼촌이 잡지사 인터뷰를 할 때면 나는 일부러 나서지 않았다. 같은 작업실에서 한 같은 바느질이라도 굳이 내 이름을 내세우지 않았다. 왠지 내가 삼촌을 치고 올라가는 것 같은 모양새로 비쳐질까 싶어 조심스러웠다. 나는 그게 당연하다고 생각했는데 남들은 나를 병풍 뒤에 가려진 이라며 안타까워하다니 마음이 무겁고 복잡했다.

산이 보이지 않는다고
사라진 것은 아니다

그날 일로 한동안 마음이 무거웠지만, 이내 생각을 고쳐먹었다. 남들이 나를 어떻게 보든 상관하지 않게 된 것이다. 주변에서 하는 괜한 말들에 마음이 번잡해지면 정작 중요한 것을 놓치겠구나 싶었다. 내가 추구하고자 했던 게 명예와 부였던가. 대중 앞에 나서서 스포트라이트를 받고 사람들의 관심과 인기를 누리는 것이었던가. 아니다. 내가 원한 것은 한복을 더 멋지게, 더 잘 만드는 것이었다. 내가 놓치지 말아야 할 궁극의 본질을 되새기고 나니 마음이 홀가분해졌다. 더구나 늘 곁에 있으며 존경의 대상이 되었던 태산 같았던 삼촌과의 관계가 퇴색되는 것이 싫었다. 오늘의 나를 있게 한 분이 바로 삼촌 아니던가.

내 자리에서 열심히 하다 보니 나를 찾는 손님들도 늘어났고 나의 이름도 조금씩 알려지게 되었다. 그리고 삼촌과 나는 전처럼 좋은 동업자이자 경쟁자로 한복을 만들어 나갔다.

하지만 영원할 것 같았던 관계는 삼촌의 몸에 이상이 생기면서 깨지고 말았다. 엄마가 돌아가시고 1년 후 삼촌마저 떠났다. 가장 든든한 지지자이자 울타리였던 두 사람을 보내고 나니 감당할 수 없는 상실감이 나를 휘감았다. 그런 와중에도 손님들은 나를 찾아왔다. 낮에는 손님들을 받느라고 바빴고 저녁에는 아이들 때문에 정신이 없었다.

그렇게 하루하루를 일로 도피해 버티다 보니 어느새 시간이 흘러 있었다. 여전히 슬펐지만 상실감과 좌절감은 많이 가라앉았다. 삼촌의 육신은 내 곁에 없지만, 내게 남겨준 가르침은 남아 있다. 한복 짓는 일을 하며 사람에 부대끼고 일에 좌절할 때마다 살아생전 삼촌이 들려주셨던 이야기, 같이 일을 하며 나누었던 가르침이 매번 나를 다독이고 일으켜 세워주었다.

　산이 보이지 않는다고 없어진 것은 아니다. 삼촌이라는 큰산은 내 가슴속에 여전히 건재하다. 그리고 이제는 내가 누군가에게 작은 언덕 정도는 되어주어야겠다는 생각을 한다.

부지런히 가르쳐,
남기고 가는 삶

　한복을 지으며 살아온 세월 동안, 나는 내가 서 있는 자리에서 최선을 다하기 위해 노력해왔다. 그래서 후회도 미련도 없다. 하지만 단 한 가지 앞으로 무엇을 더 해야 할지, 무엇을 남겨야 할지에 대해서는 늘 고민을 해왔다. 게다가 당시 여러 군데서 한복 박물관을 만들자는 제의가 있었는데, 가급적 고향에 박물관을 만들고 싶어 계속 거절을 해오던 중이었다. 그러던 어느 날 나의 이런 고민을 장만채 전라남도 교육감에게 털어놓았다.

　장만채 교육감은 그가 순천대학교 총장으로 있을 때 처음 만났다. 어떻게 하면 아이들에게 더 좋은 교육을 시켜줄 수 있을지를 늘 고민하는, 교육에 대해 남다른 열정을 갖고 계신 분이다. 장 교육감은 나의 고민을 듣더니 '열을 가지고 있으면 열을 다 내줄 사람'이니 앞으로 어떻게 하면 많은 것을 나눌 수 있을지 좀 더 구체적으로 생각해보라고 했다. 그 말에 정신이 번쩍 들었다. 앞으로 더 열심히 한복을 지어야 하는 이유가 생긴 것이다.

이후 그가 전라남도 교육감이 되었을 때, 청암고등학교에 특강을 나간 적이 있었다. 강의를 마치고 당시 교장이었던 김종구 선생님과 학생들의 실습실을 견학할 기회가 있었는데, 정말 작고 열악한 실습실에 학생들이 모여 작업을 하고 있었다.

"작은 실습실에 아이들이 옹기종이 모여 작업하는 모습을 보니 맘이 짠하더라고요. 내가 교육 기부를 할 수 있게 교실 한 칸만 내주면 좋겠는데…."

이 이야기를 들은 장만채 교육감은 반색을 하며 "한 칸이 아니라 한 동을 지으면 어떻겠습니까?"라고 말했다. 그렇게 시작된 것이 지금의 '예정관'이다.

나의 오랜 꿈, 디자인스쿨 예정관이 문을 열던 날

2015년 8월 19일, 한여름 햇볕이 유난히 뜨거웠던 그날 내 고향 순천에서 나의 오랜 꿈이 이루어졌다. 교육 기부의 첫 번째 결실로 순천 청암고에 디자인스쿨 '예정관(藝丁館)'을 개관하게 된 것이다. '예정(藝丁)'이란 '예술 분야의 명인들이 노니는 곳'이라는 뜻으로, 어린 꿈나무들이 예술 분야에서 명인으로 성장할 수 있도록 교육하는 공간이다. 드넓게 펼쳐진 평야와 순하고 고즈넉한 산세를 가진 내 마음의 안식처, 순천. 내가 나고 자란 곳, 엄마의 품 같은 그곳에서 나의 작품을 전시하고 재능을 기부할 수 있게 되었다.

수많은 기자들 앞에서 개관식 테이프커팅을 하기 위해 자리에 섰다. 인생의 등불과 같은 지인들과 함께하니 더욱 감회가 새로웠다. 도올 김용옥 선생님, 임권택 감독님, 강부자 선생님, 차범근 감독, 김금래 전 여성부장관, 영화배우 채시라, 오정해 등 모두 예정관 개관을 축하해주기 위해 한달음에 달려와주었다.

디자인스쿨 예정관은 참 많은 이들과의 인연으로 만들어졌다. 무엇보다 예정관은 허영 삼촌의 예술혼과 업적을 기리는 박물관이기도 하기에, 허영 삼촌의 전통인형과 꽃가마가 전시되어 있다. 김용옥 선생님은 예정관 소개글, 각 실별 제호도를 친필로 작명해주셨다. 어디 그뿐인가. 김종구 전 교장선생님을 비롯해 기부금을 내주신 독지가들, 자원봉사를 하겠다고 나선 청암고의 선생님들… 물심양면으로 도움을 주신 분들의 이름을 일일이 거론하기도 어렵다.

이러한 청암고와의 인연은 참으로 예사롭지 않다. 순천여고를 졸업한 내가 모교가 아닌 청암고에서 예정관을 열게 될 줄은 꿈에도 몰랐다. 그 인연은 2년 전, 한 TV 프로그램으로 거슬러 올라간다. 당시 특성화고등학교 학생들의 취업을 돕는 프로그램의 심사위원으로 나갔는데 그곳에서 청암고 학생들을 만났다. 뛰어난 감각과 재능을 가진 청암고 학생들은 그날 우승자로 뽑혔다. 알고 보니 청암고는 국제기능올림픽 패션 분야에서 두 번이나 금메달 수상자를 배출한 패션 명문학교였다. 이후 청암고에서 특강 제안이 와서 가게 되었다.

학교에 들어서는 순간, 분위기가 너무나 마음에 들었다. 마침 학생들의 사진 작품을 전시하고 있었는데 작품 수준도 높았고, 그중 마음을 울컥하게 하는 사진이 있었다. 작품명이 '엄마'였는데, 엄마가 아닌 할머니 얼굴이 찍혀 있었다. 엄마가 없어서 할머니와 함께 사는 학생의 사진이었다. 나는 학생들의 예술적 재능과 감성 그리고 학풍에 반해버렸고, 예정관으로 그 인연이 이어졌다.

마음속으로 오랫동안 염원한 일은, 퍼즐처럼 하나하나 맞춰지다가 어느 순간 완성된 그림으로 눈앞에 펼쳐지곤 한다. 인연이든 일이든 말이다. 그날 이후 마치 어떤 부름이 있었던 것처럼, 나는 매번 그곳으로 달려가고 싶었다.

앞으로 남은
내 생의 숙제

누군가 내게 '교육이 무엇이냐'고 물어오면, 나는 '교육은 가르치는 것이 아니라 스스로 보고 깨우치게 하는 것'이라고 말한다. 그래서 예정관도 유명 디자이너를 비롯한 저명인사들의 교육 장소뿐 아니라, 상설 전시·한복 명장 전수·실습실·패션 디자인 실습실 등 다각도로 사용할 예정이다. 건물을 지을 때도 주변 풍경과 이질감이 없도록 학교와 잘 어우러지게 잘난 척하지 않는 건

순천 청암고의 '예정관'은 '예술 분야의 명인들이 노니는 곳'이라는 뜻으로, 어린 꿈나무들이 예술 분야에서 명인으로 성장할 수 있도록 교육하는 공간이다.

물로 짓자고 했다. 그래야 학생들도 편하게 자주 드나들어 부지
런히 배우고, 지역 주민들도 문화생활을 즐길 수 있을 것이라 생
각했다.

예정관에는 다문화 학생들이 우리의 전통문화를 체험하는 프
로그램도 있다. 한국의 전통복식을 스스로 만들어 입어보고 전시
도 하면서, 한국 문화를 좀더 깊이 이해하게 돕고 싶었다. 그런 과
정이 소외감을 덜어주고 자연스레 우리 문화에 녹아들도록 도움
이 되었으면 좋겠다.

전라남도 교육청 그리고 청암고와 함께 예정관 설립을 추진할
때 나는 이런 이야기를 들었다. '디자인스쿨이 지역 환경이나 학
생들 눈높이에 안 맞는 거 아니냐'는 것이다. 그때 나는 이렇게
말했다. "학생들의 눈높이를 높이면 되지요. 지방에 있어 소외되
고 혜택을 못 받는다고만 생각할 것이 아니라, 이제부터 예술가
와 문화인들의 강의와 작품도 보게 하면 안목은 달라지게 마련입
니다. 한복뿐 아니라 모자, 벨트, 가방, 신발 등도 제대로 배우고
만들어볼 수 있게 할 거예요. 배우고 익히다 보면 자연히 안목도
높아집니다."

30년 넘게 한복 짓는 일 하나만 생각하며 살아온 내게 예정관
은 후학을 양성하고 싶다는 내 오랜 꿈은 실현시켜주는 첫 걸음
과도 같다. 매주 토요일 오전에 수업을 하기로 했는데, 순천에 내
려갈 생각만 하면 마냥 가슴이 뛴다. 내 고향 순천이 나를 부르는

것 같아서 말이다.

김용옥 선생님, 임권택 감독님 등 많은 분들이 이미 교육 기부를 약속하셨다. 나의 구상은 교육 기부만으로 그치지 않는다. 예정관을 디딤돌 삼아 순천 시내의 거리를 작은 공방 거리로 만들어보고 싶다. 요즘은 디자인을 공부한 젊은이들이 취업해서 재능을 발휘할 기회가 적은데, 그들이 꿈을 갖고 펼치는 데 조금이라도 도움을 주고 싶다.

부지런히 가르쳐서 남기고 가는 것, 그것이 바로 앞으로 남은 내 생의 숙제가 되었다.

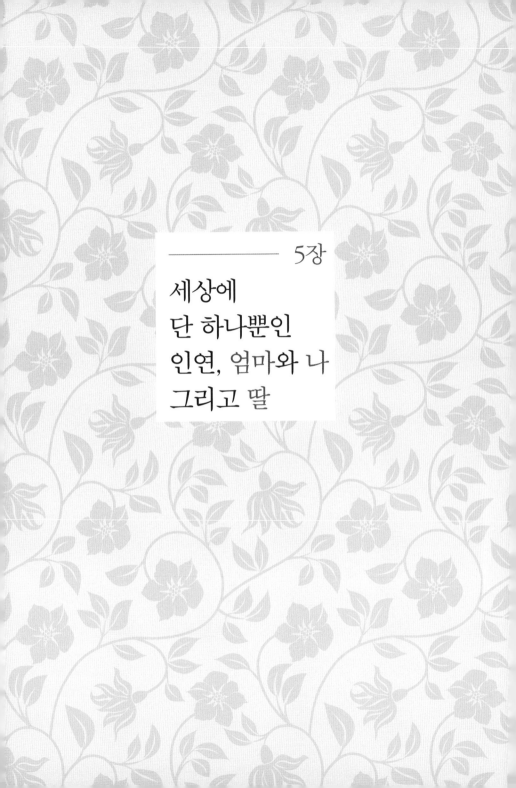

5장

세상에
단 하나뿐인
인연, 엄마와 나
그리고 딸

나의 어린 시절 추억은
엄마의 넘치는 사랑으로 가득 차 있다.
그것이 내가 가진 가장 큰 자산이다.
엄마에게 배운 것들이 어느새 내 삶에 녹아들어
내가 또 엄마를 닮아가고 있다.

나를 귀하게 여기며
살게 해준 엄마의 사랑

안에서 사랑을 받고 자란 아이는 밖에서도 사랑받으며, 또한 남에게도 사랑을 나눠줄 줄 알게 된다. 엄마에게 인정을 받고 자란 아이는, 인정받는 이상으로 노력을 한다. 다른 누구도 아닌 엄마가 인정하는 그 달콤함이 무엇보다 단단한 성취욕으로 발전하기 때문이다.

사랑과 지혜가 넘치는
현명한 우리 엄마

엄마는 손재주가 많은 분이셨다. 밥을 지을 때면 아궁이에 나무를 태워 불을 때는데, 그러고 나면 부지깽이 끝이 까맣게 탄다. 엄마는 그걸로 땅에 새와 꽃을 그리곤 하셨는데, 땅에 그린 엄마의 그림들은 생동감이 넘쳤다. 엄마가 땅에 그림을 그리면 나는 그 옆에 쭈그리고 앉아서 엄마가 그리는 그림을 신기한 듯 바라보곤 했다.

"엄마, 왜 거기다 그림을 그려?"

"그림은 그리고 싶은데 종이가 귀해서 구할 수가 없잖아. 그러니까 여기다 그리는 거야."

그렇게 말하는 엄마 얼굴에 미소가 가득했다.

엄마는 베갯잇에 수도 참 잘 놓으셨다. 수놓을 곳에 밑그림도 그리셨는데, 엄마가 그린 밑그림은 동네 아줌마들에게 인기가 좋았다. 지금 생각해보면 엄마는 일종의 도안사였던 것이다. 보성 이모가 오비를 짜는 공장을 할 적에도 엄마가 가서 밑그림을 그려주시곤 했다.

많이 배우지는 못했지만, 엄마는 재주도 많을 뿐 아니라 마음도 비단결이었다. 또한 아이들을 키우고 가르치는 데 있어서도 더없이 현명한 엄마였다. 언제나 넘치는 사랑과 믿음을 주셨고,

야단치거나 윽박지르는 대신 칭찬과 격려를 아끼지 않았다.

처음 내가 한복 만드는 일을 한다고 했을 때 엄마는 반기지 않으셨지만, 금세 나의 선택을 지지하고 응원해주셨다. 딸이 좋아하는 일이라니 더 이상의 토를 달지 않으신 것이다. 가게의 규모가 커지고 내 옷에 관한 기사라도 나오면 엄마는 입을 다물지 못할 정도로 좋아하셨다. 자식을 사랑하지 않는 엄마가 어디 있겠느냐마는 우리 엄마의 자식사랑은 정말 남달랐다.

몸이 약한 나를 위해 14년간 하루도 거르지 않고 흑염소로 만든 약을 달여 먹이셨는데, 가게에서 파는 약은 믿을 수가 없다며 직접 흑염소를 키워서 약을 달이실 정도였다. 그때는 잘 몰랐지만, 엄마가 되어보니 알 수 있었다. 14년을 하루같이 정성을 들이는 일이 엄마라고 다 할 수 있는 것은 아니란 것을.

그뿐 아니다. 엄마는 친절한 고민상담사이기도 했다. 내가 조잘조잘 고민을 털어놓으면 엄마는 다 알고 있으면서도 끝까지 내 얘길 들어주셨다. 속상한 일이 있어 투덜대면, 따뜻한 손길로 어루만져주셨다. 가끔 엄마가 나의 엄마라서 참 감사하다는 생각을 하고는 했다. 고집스럽고 자존심 강한 내가 이만큼 잘 살아올 수 있었던 건, 엄마의 사랑이 심지를 단단하게 해주었기 때문일 것이다.

내가 결혼해서 고향을 떠난 뒤에 엄마는 내가 그리워, 매일같이 나를 보러 서울에 올라오고 싶어 하셨지만 엄마의 서울행은 생각처럼 쉽지 않았다. 나를 만나고 고향으로 내려가는 날이면, 며칠을 앓아누우시곤 했다. 먼 길을 오가느라 진을 뺀 데다 딸과 헤어져 돌아서는 슬픔에 더욱 그러하셨으리라.

그 후로는 가급적 내가 엄마를 만나러 내려갔다. 드물게 오는 딸이라 더 애틋했던지, 내가 가는 날이면 엄마는 늘 공항에서 대기하셨다. 하루는 비행기가 연착되어 2시간가량 늦게 도착했더니 엄마가 파김치가 되어 있었다. 집 앞으로 날아가는 비행기를 보며 혹시나 이 비행기일까, 저 비행기일까 몇 번을 쳐다보셨다는 것이다. 혹시 무슨 사고가 나진 않았는지 걱정을 하며 발을 동동 구르셨다고 했다. 자식은 예순이 넘어도 애라는 말처럼 엄마에게 난 늘 애지중지, 보석 같은 자식이었다. 그리고 엄마의 그런 사랑 덕분에 나 스스로도 귀한 사람이 되려 애썼던 듯싶다.

한번은 엄마에게 물은 적이 있다.

"엄마, 엄마는 언제가 가장 좋아?"

"우리 딸이랑 같이 보내는 시간이 제일 좋지." 시장에도 가고, 같이 밥도 먹고."

"정말?"

"그럼 정말이지. 우리 딸이랑 장도 보고, 밥도 같이 먹고. 그 시간이 엄마는 제일 좋아."

그날 나도 속으로 조용히 되뇌었다.

'엄마, 사실은 나도 그래.'

엄마 가시던 날,
내게 남겨주신
또 하나의 선물

내 나이 마흔 둘이 되던 해, 엄마도 나이가 들어 눈에 띄게 흰 머리가 많아지고 있었다. 일이 바빠도 나는 엄마가 보고 싶어 고향에 자주 내려가곤 했다. 그렇게 평화로운 일상을 보내던 어느 날, 이상한 꿈을 꿨다.

캄캄한 새벽에 밤공기를 가르며 혼자 운전을 하고 있었다. 아무런 소리도 들리지 않는 조용한 시골길을 정처 없이 달리던 때, 엄청난 소리가 들렸다. "우지직. 우지직."

유리가 깨지는 것 같은 소리였다. "쿵!" "콰!" 하는 큰 소리가 아니라 귓가를 간질이는 작은 소리였다. 나는 깨진 백미러를 불안하게 쳐다보고 있었는데, 갑자기 눈앞이 캄캄해지더니 꿈에서 깼다. 시계를 보니 새벽 5시. 무슨 영문인지 불현듯 엄마가 떠올랐다.

나는 어릴 때부터 이상한 꿈들을 자주 꿨다. 일종의 예지몽이라고나 할까. 내가 이상한 꿈들에 대해 이야기하면 엄마는 그런 말은 함부로 하면 안 된다면서 입조심을 시키곤 하셨는데, 그날 새벽녘에 꾼 꿈이 못내 찝찝하게 마음에 걸렸다.

불길한 예감이
잔인하게 적중하다

꿈 때문인지 평소보다 더 조심해서 운전을 했다. 수영복으로 갈아입고 입수를 준비하는데 갑자기 물속에 들어가면 내 숨이 멈출 것 같은 느낌에 사로잡혔다. 알 수 없는 불안함에 당황한 나는 탈의실로 돌아가 샤워도 제대로 못하고 허둥지둥 그곳을 나왔다.

그러곤 다시 가게로 돌아가려고 차에 올랐다. 스포츠센터와 가게는 차로 10분도 안 걸리는 가까운 거리에 있었다. 운전을 하다가 엄마에게 전화를 하고 싶어졌다.

"엄마, 아무 일 없어요?"

엄마는 내 전화에 태연한 목소리로 답했다.

"왜?"

엄마의 목소리를 듣자 안도가 되었다. 엄마의 목소리를 더 듣고 싶어 생각나는 대로 말을 이었다.

"아버지는 아무렇지도 않아요?"

"아버지는 감기 기운이 있으신데, 그래도 괜찮아."

그렇게 짧은 대화를 나누고는 전화를 끊었다. 전화를 끊은 지 2분도 안 돼서 또 엄마에게 전화를 걸고 싶었다. 나는 엄마에게 무슨 말을 건네야 할지 잠시 고민하다가 전화를 걸었다.

"엄마."

"또 왜."

"엄마 뭐해?"

"응. 동네 할머니들 점심해드리려고 장봐왔어."

"그래? 알았어, 엄마. 쉬엄쉬엄 해."

전화를 끊고 사거리에서 신호를 기다리고 있는데 또 엄마에게 전화를 걸고 싶었다. 왜 그런지는 모르겠지만 자꾸만 엄마의 목소리를 더 듣고 싶었다.

"엄마."

"자꾸 왜."

엄마에게 무슨 말을 해야 할지 몰라서 고민하다가 이렇게 답하고 말았다.

"돈 좀 줄까?"

내 뜬금없는 말에 엄마는 웃으셨다.

"돈? 좋지."

"얼마 줄까?"

"네 맘대로 줘."

"응, 알았어."

전화를 끊으니 어느새 가게 근처였다. 가게 문을 열고 정리를 하고 있으니 자수를 놓는 후배인 미강이가 들어왔다. 후배는 내 얼굴을 보더니 깜짝 놀라며 물었다.

"언니, 얼굴이 왜 그러세요? 얼굴이 너무 안 좋아요. 우리 바람이라도 쐬러 나가요."

함께 선릉에 가기로 했다. 꿈 때문에 운전하기가 망설여져, 그냥 걸어서 가자고 했다. 걸어가는데 자꾸 발이 깊은 곳으로 빠지는 기분이 들었다. 꽤 시간이 지나서 선릉에 도착했다.

벤치에 앉아서 한숨 돌리고는 주위를 둘러보니 클로버가 많이 자라 있었다. 나는 클로버 중에서 네잎클로버를 찾아 후배 손에 쥐어주며 지금이 몇 시냐고 물었다. 후배는 12시 정각이라고 말했다. 나는 후배에게 아침에 꾼 꿈에 대해 이야기했다. 후배는 내 이야기를 묵묵히 들어주더니 "언니, 잊어버리세요. 기분 좋지 않은 꿈이니 그냥 잊어요."라고 말했다.

후배는 기분전환이 필요하다며 맛있는 것을 먹으러 가자고 했고 점심을 먹고 나니 기분이 조금 나아졌다. 가게로 돌아가기 전에 은행에 들려 엄마에게 돈을 보내드렸다. 가게로 돌아와서 엄마에게 전화를 했다.

"엄마 돈 부쳤으니까 필요할 때 쓰세요."

근데 내 말에는 별 반응 없던 엄마가 뜬금없이 후배가 옆에 있느냐고 물었다. 있다고 했더니 바꿔달라고 하셨다. 후배는 "네, 네, 어머니."라고만 말했다. 그러곤 나를 바꿔주지도 않고 전화를 끊었다. 나는 엄마가 후배에게 무슨 이야기를 하셨는지 궁금했지만 왠지 모르게 불안한 기분이 들어서 서둘러 가게 준비에 정신을 쏟았다. 그러나 불안한 기분은 가라앉지 않았다. 몇 시간이나 지났을까 전화벨이 울렸다. 가게 전화였다. 원래 가게 전화는 직원들이 받는데 그때는 나도 모르게 손을 뻗어서 수화기를 들었다.

"김혜순 한복입니다."

그러나 수화기 너머에서는 아무 소리도 들리지 않았다. 더욱 불안해진 나는 다시 한 번 이야기했다.

"네. 김혜순 한복입니다. 말씀하세요."

그제야 떨리는 목소리가 들렸다. 말이 잘 나오지 않는지 더듬더듬 겨우 소리를 내며 말했다.

"누나… 나야."

동생의 목소리였다. 순간 나는 숨이 턱 막히는 듯했다. 숨을 들이쉬고 나서 내쉬려고 하면 무언가 꽉 막힌 것처럼 내쉬어지지가 않았다. 동시에 전화도 끊겼다. 나는 한동안 전화기를 붙잡고 숨이 쉬어지지 않아 헉헉대고 있었다. 직원들이 달려와 나를 진정시켜서 겨우 숨이 트였다. 숨을 돌릴 새도 없이 또 전화벨이 울렸다. 나는 날듯이 달려가서 수화기를 들었다. 잔뜩 움츠러든 목소리로 동생이 말했다.

"누나… 누나… 있잖아… 엄마가…"

나는 그대로 수화기를 놓고 차로 뛰었다. 밖에는 비가 보슬보슬 내리고 있었다. 시동을 걸고 휴대전화로 동생에게 전화를 걸었다.

동생은 엄마가 병원에 있다고, 조금 다쳤다고 말했다. 무슨 정신으로 병원까지 운전을 해서 갔는지 기억도 나지 않았다. 병원으로 달려가는데, 심장이 터질 듯이 뛰었고 머릿속은 새하얘졌다. 왠지 안 좋은 예감이 엄습했다.

불길한 예감은 언제나 잔인할 정도로 정확하다. 어머니는 그날 뺑소니 사고로 돌아가셨다. 오는 길에 행여 사고라도 날까봐 아버지가 동생에게 거짓말을 하라고 시키신 거였다. 나는 그 사실을 듣자마자 의식을 완전히 잃었다. 눈을 떠 보니 엄마의 영정 앞에 누워 있었다. 그리고 영정 앞으로 까만 갓이 지나가는 것이 보였다. 흐릿한 그림자가 아니라 선명한 검은 갓이었다. 나는 그 갓을 보고 다시 정신을 잃었다.

이승에 남겨두고 간
엄마의 사랑과 가르침

장례를 치르고 있을 때 경찰서에서 전화가 왔다. 뺑소니범을 찾았다고 했다. 온 가족을 분노와 충격에 빠뜨린 주범을 잡은 것이다. 그런데 이게 웬 날벼락인가. 뺑소니범은 나도, 엄마도 잘 아는 사람이었다. 바로 동생의 동창이었다. 차라리 범인이 잡히지 않았다면 좋았을 것을…. 우리는 엎친 데 덮친 격으로 한동안 더 큰 충격에 휩싸였다.

그러다 어느 순간 이런 생각이 들었다. 엄마가 돌아가신 것이 운명이라면, 이 사람은 엄마의 운명에 휘말린 불쌍한 사람일지도 모르겠다는. 그렇게 생각을 하고 보니, 미칠 것 같던 마음이 조금은 잦아들었다. 나는 최대한 그가 형량을 적게 받을 수 있도록 도왔다. 그는 출소 후에 1년 넘게 아버지를 찾아와 무릎 꿇고 사죄를 하며 울었다고 한다. 그도 우리 엄마가 어떤 분인지 알고 있었기에 더욱 죄책감이 컸을 것이다.

엄마가 돌아가시고 난 뒤부터 나는 일에만 몰두했다. 제정신을 차리고 보니 2년이라는 시간이 지나 있었다. 여전히 엄마의 빈자리가 너무나 커서 가끔은 무너져 내릴 것 같은 느낌이 들었지만 어느 정도는 엄마의 부재를 마음으로 받아들이게 되었다. 문득 엄마가 돌아가신 날 후배와 통화를 하셨던 일이 기억났다. 나는

265

후배에게 그날 엄마와 무슨 이야기를 나눴는지 물었다. 엄마는 후배에게 이렇게 말씀하셨다고 한다.

"미강아, 우리 혜순이가 성질은 별로 안 좋아도 사람은 괜찮다. 너도 알지? 네가 옆에서 우리 혜순이 좀 잘 살펴주면 좋겠구나. 특히 음식을 잘 안 먹으니까 끼니 챙기도록 해주고."

마지막까지 다 큰 딸을 걱정하셨다니… 우리 엄마다웠다. 그 말을 듣는데, 엄마의 사랑이 아직 끝나지 않은 것이라는 생각이 들었다. 비록 이승에서의 삶은 끝나셨지만 저승에서도 내 행복과 건강을 빌고 계실 것 같았다. 무엇보다 엄마가 남겨놓고 간 사랑의 기운이 곳곳에서 나를 감싸는 듯했다.

엄마가 살아계실 때에는 거의 매주 찾았던 고향에 한동안 가지 못했다. 엄마 생각이 나면 슬픔을 주체할 수가 없을 것 같았기 때문이다. 2년이 지난 뒤에야 이모의 연락을 받고 고향을 찾았다. 이모와 이런저런 이야기를 나누다 엄마 이야기가 나왔다.

이모는 깜빡 잊었던 것이 생각났다며 이야기를 하나 해주었다. 엄마가 돌아가신 날, 이모가 도랑을 지나고 있는데 도랑 밑에서 남자 다섯이 대성통곡을 하고 있었더라는 것이다. 누가 그렇게 서럽게 울고 있는지 궁금해서 가까이 가보니 전부터 엄마에게 신세를 지고 있던 거지들이었다고 했다. 엄마가 돌아가셨다는 이야기를 듣고는 그렇게 서럽게 운 것이다.

엄마는 남들에게 베푸는 것에 야박함이 없으셨다. 또한 뭔가를 해주길 바라면서 베푸는 건 거래일 뿐 배려도 아니요, 베푸는 것도 아니라고 하셨다. 그리고 무엇보다 중요한 것은 주는 사람이 아니라 받는 사람이 중심이 되어야 한다는 말씀이다. 받는 사람이 선의와 호의를 느낄 수 없다면 그건 베푼 게 아니라는….

엄마의 말씀은 지금 생각해봐도 주옥같다. 모아서 펴내면 한 권의 책으로도 부족할 것이다. 배움도 짧으셨던 분이 어떻게 이런 말씀들을 하실 수 있었는지, 나는 넘치는 사랑에서 그 이유를 찾는다.

나는 어느새
엄마를 닮아 있다

"아이들은 부모의 등을 보고 배운다."라는 말이 있다. 그리고 자신의 등은 자식이라는 거울을 통해 볼 수 있는 법이다.

그런 면에서 보면 우리 엄마는 참으로 대단한 교육철학을 지니신 분이었다. 잘하라고 윽박지르거나, 무엇을 강요하는 법이 없었다. 늘 넘치는 사랑을 주었고 칭찬을 아끼지 않았으며, 나를 믿어주셨다. 엄마는 내 아이가 남에게 귀한 대접을 받게 하려면, 누가 보든 안 보든 부모 스스로가 귀하게 대해야 한다고 믿었다. 초등학교도 채 졸업하지 못한 우리 엄마의 가르침이다. 나는 그런 엄마에게 사랑받고, 더 칭찬을 듣기 위해 뭐든 열심히 했었다.

믿는 만큼
자라는 아이

나를 항상 믿어주고 지지해주는 사람이 곁에 있다는 것이 얼마나 큰 축복인지 나는 엄마가 돌아가시고 난 뒤에 알았다. 나의 어린 시절 추억은 엄마의 넘치는 사랑으로 가득 차 있다. 그것이 내가 가진 가장 큰 자산이다.

나는 어릴 때부터 자존심과 고집이 세고 깍쟁이 같았다. 남들과 비교당하는 것을 싫어하고 혼나는 것도 싫어했다. 한 번 혼나면 며칠 동안 그 생각 때문에 몸살을 앓을 정도였다. 반대로 칭찬을 들으면 더욱 좋은 칭찬을 듣기 위해서 독하게 노력했다. 이런 내 성격을 누구보다 잘 알고 계셨던 엄마는, 내가 무엇을 하든 칭찬과 격려를 아끼지 않으셨다.

내가 조악한 솜씨로 장신구 같은 것을 만들어 보여주면 엄마는 "어쩜 이렇게 솜씨가 좋니. 장에 내다 팔아도 될 정도로 좋구나."라고 말씀해주셨다. 나는 그런 엄마의 칭찬에 신이 나서 더욱 열심히 노력했다.

내가 잘못을 하더라도 엄마는 늘 "우리 혜순이가 절대 그럴 리가 없지."라고 하셨다. 속이 보이는 빈 말이 아니었다. 엄마는 정말로 나를 굳게 믿어주셨다. 그런 엄마에게 실망을 안겨주고 싶지 않아서 같은 잘못을 반복하는 일이 없었다.

학창 시절, 어떻게 하면 더 예뻐 보일까를 늘 신경 썼던 나는 옷에도 관심이 많았다. 새 옷이 사고 싶어 엄마와 할머니를 졸라 보았지만 통하지 않았다. 철없던 나는 새 옷을 입고 싶은 욕심에, 엄마 치마저고리의 안감을 몰래 잘라서 치마를 만들었다. 당연히 금방 엄마에게 걸리고 말았다. 엄마에게 크게 혼날 것 같아 눈앞이 아찔하던 순간, 엄마는 내 손을 잡고 이런 말씀을 해주셨다.

"나는 내 딸을 너무 잘 알아. 너는 새 옷을 입지 않아도 충분히 예쁘단다."

자신이 아끼던 한복이 망가져 속상할 법도 한데 엄마는 얼굴 한번 찡그리지 않고 그렇게 말씀하신 것이다. 엄마는 늘 자신의 딸에 대한 자신감과 믿음으로 가득했다. 그 믿음과 사랑 속에서 나는 행복한 사람이 될 수 있었다. 엄마가 사랑을 넘치게 주셨기 때문에 나 역시 남에게 나눠줄 사랑이 항상 넘친다.

엄마의 사랑은
사람을 가리지 않았다

엄마는 나의 엄마이기 이전에 착하고 멋진 여자였다. 많이 배우진 못했지만 늘 현명하게 판단하고 현명하게 행동하셨다. 그런 엄마의 모습은 나와 형제들에게도 많은 영향을 끼칠 수밖에 없었다. 늘 보고 자라는 모습이니 말이다.

동물을 좋아하는 엄마는 강아지들을 많이 기르셨는데, 똥개들은 가끔 심한 말썽을 부리곤 했다. 그때마다 나는 다른 강아지들이 보는 앞에서 말썽을 부린 강아지를 혼냈다. 그러면 엄마는 그러지 말라고 했다.

"네가 그렇게 혼내는 것을 다른 사람들이 보면 우리 강아지들을 함부로 대하게 된단다. 우리가 귀하게 여기면 남들도 귀하게 여기게 되는 것이야. 그리고 강아지들도 다른 강아지들 앞에서 혼이 나면 기분이 좋지 않을 거야. 사람이든 동물이든 절대로 함부로 대하면 안 돼."

엄마는 마음씨가 비단결 같았고, 사랑을 나눠줌에 있어 사람을 가리지 않았다. 당시 우리 집은 고물상을 하고 있었는데, 넉넉지 못한 형편에도 엄마는 항상 어려운 사람들을 도왔다. 집 없고 가난한 거지들에게 고물상의 소일거리를 시키고 그 대가로 밥을 주고 잠을 잘 수 있도록 해주었다.

하루는 집에 놀러온 이모가 집 안에 거지들이 돌아다니는 것을 보고는 기겁을 했다. 그 사람들이 칼이라도 들고 강도로 변하면 어쩌려고 그러느냐는 이모 말에 엄마는 한 치의 망설임도 없이 말씀하셨다.

"아니, 배고픈 사람들 밥 먹여주고 잠 재워주는 게 뭔 죄라고 그 사람들이 우리를 해쳐? 세상에 그런 사람들이 어디 있겠냐?"

당신이 순수한 만큼 다른 사람들도 순수한 마음으로 바라보는 분이었다. 엄마는 고물을 가지고 오는 사람들에게 돈을 주는 것은 물론, 두둑하게 밥까지 먹여서 보냈다. 그래서 거지들 사이에 "청기와 집에 고물을 가지고 가면 돈도 받고, 배부르게 밥도 얻어먹을 수 있다."는 소문이 돌았다.

해질녘이 되면 거지들이 우리 집 대문 앞에 줄을 서서 기다렸다. 차례로 들어와서 한쪽에 고철을 놓고 엄마 앞으로 가서 돈을 받았다. 그런데 몇몇 거지들은 돈을 받고 다시 뒤로 돌아가 줄을 서서 돈을 또 받았다. 엄마는 그런 사실을 알면서도 거지들에게 돈을 나눠줬다. 아버지가 거지들에게 화를 내려고 하실 때마다 엄마는 나서서 말렸다.

"그렇게 사람의 흠을 잡으면, 그 사람은 다시 오지 않아요. 흠을 잡을 게 아니라 스스로 깨닫고 못하게 해야 해요."

시간이 흐르자 그들은 얌체 같은 짓을 그만두기 시작했다. 엄마가 알면서도 모른 척해준다는 것을 알자 미안한 마음이 들었기 때문이다.

한번은 이런 일도 있었다. 엄마가 점심으로 작은 생선 몇 마리를 구웠는데, 개수가 모자라서 사람 머릿수대로 돌아가지 않았다. 평범한 엄마라면 일단 가족들에게 생선을 한 마리씩 주고 남은 생선을 다른 사람에게 나눠줬을 테지만 엄마는 일하는 거지들에게 먼저 한 마리씩 나눠주고 남은 생선을 가족들이 나눠 먹도록 했다.

철없는 나는 왜 우리가 조금 먹어야 하느냐고 물었다.

"행여 저 사람들이 지나가다 주인네 가족이 자기들끼리만 더 좋은 걸 먹는 걸 본다고 생각해봐. 얼마나 서운하겠니?"

언어먹는 사람들은 안 그래도 마음이 허전한데 차별받는다는 생각을 하면 더욱 서운하고 허전해진다는 것이었다. 세월이 지나서야 엄마의 지혜가 얼마나 대단한 것이었는지를 깨달았다. 사람을 귀중하게 여길 줄 알고 세상을 아름답게 사셨던 엄마. 그런 엄마의 삶은 매순간 내게 가르침이었다.

엄마의 가르침이 내게로 들어와 어느새 엄마를 닮아간다

듣는 귀가 같다고 똑같이 듣는 것은 아니다. 귀의 모양이 다르듯 같은 말도 다르게 들린다는 것을 잊어서는 안 된다. 자식이라고 다 같지 않고 좋은 얘기라고 다 좋게 듣지도 않는다. 아이들은 저마다 다른 성향을 지니고 있는데, 그런 이유로 엄마의 말을 약으로도 듣고 독으로도 듣는다. 아이의 성향을 파악하지 못한 채 일방적으로 이뤄지는 훈육은 관계의 단절을 가져온다.

우리 엄마의 자식교육과 나의 자식교육은 아이들을 자유롭게 키운다는 것을 빼면 정반대라 할 수 있다. 엄마의 성격과 나의 성격이 너무나 다르기 때문일 것이다. 느긋하고 다정다감한 엄마는 항상 나를 칭찬하고 다독이셨다. 내가 매를 들면 오히려 삐뚤어지는 아이라는 것을 아셨기 때문에 그렇게 날 키우셨는지도 모른다.

하지만 나는 내 딸에게 조금 냉정한 편이다. 나는 어려서부터 뭐든지 미리미리 알아서 하는 성격이었다. 무슨 일이든 미리 해야 했고, 게으름을 떨며 미루는 것을 참지 못했다. 그런 나와 달리 딸은 긴장의 끈을 놓으면 한없이 풀어지는 스타일이다. 또한 호기심도 많아서 진득하게 앉아 집중하지를 못한다. 그렇다고 딸에게 무엇을 하라고 시키거나 재촉할 수는 없는 일이다. 대신 내가 생각한 방법은 먼저 모범을 보이는 것이었다.

딸이 학원에서 새벽 한 시에 끝나면 나는 아무리 내 몸이 힘들어도 딸을 데리러 갔다. 밥을 만들어 먹일 시간이 없으면 새벽에 미리 도시락을 싸놓았다. 딸이 친구들과 놀다가 집에 늦게 들어올 때면 나는 딸을 기다리며 거실 소파에 앉아 책을 읽고 있었다. 잔소리를 하는 대신, 딸이 스스로 느끼기를 바랐던 것이다.

사실 나는 딸에게 칭찬도 잘 하지 않는다. 딸은 칭찬을 받으면 거기에 취하는 타입이기 때문이다. 딸이 큰 대회에서 상을 타오거나 원하는 대학에 입학했을 때도 "잘 했다, 네 노력의 대가다." 정도로만 이야기해줬다. 딸도 내가 왜 그렇게 엄하게 구는지 잘

엄마에게 배운 것들이 어느새 내 삶에 녹아들어 내가 또 엄마를 닮아가고 있다.

알고 있기에 서운해하거나 불평하지 않는다. 오히려 우리는 그런 방식으로 호흡을 맞추며 누구보다 잘 지내는 모녀 사이이다.

물론 위기는 있었다. 중학교 시절 친구가 좋고 노는 게 좋아 엄마를 속이고 놀러가는 일이 잦았다. 하지만 나는 그냥 내버려뒀다. 하지 말라고 하면 더 하고 싶어지는 것이 이 시기의 특징임을 알기에 스스로 제어할 때까지 기다리기로 한 것이다.

다행히도 아이는 오래지 않아 자기 자리로 돌아왔다. 나중에 알아보니 그 시절 아이가 고작 한 짓이라고는 친구들과 햄버거 집으로 몰려다니며 수다를 떤 게 전부였다. 좋아하는 춤을 추러 가거나 남자친구를 사귀거나 할 수도 있었는데 말이다.

"겨우 그렇게밖에는 못 논 거야?"

이렇게 묻자 딸 민경이는 대답한다.

"말 안 듣고 놀러 다녀도 언젠가는 엄마가 인형 뽑기의 집게처럼 나를 집어 올릴 거잖아. 근데 내가 너무 도가 지나치게 놀면 엄마의 집게로도 올라가지 못할 것 같았어."

나는 그 말이 고마웠다. 딸에 대한 믿음이 전해진 것 같아서 마음이 좋았다. 사실 이 모든 것은 우리 엄마의 가르침이었다. 엄마에게 배운 것들이 어느새 내 삶에 녹아들어 내가 또 엄마를 닮아가고 있다.

엄마처럼 딸처럼,
배우며 사랑하며

"내가 너한테 어떻게 했는데, 네가 이럴 수가 있니?" "내 뱃속에서 나온 자식인데, 통 속을 모르겠구나." "내 자식을 내 맘대로 못하다니…."

간혹 자식을 소유물로 생각하는 사람들이 있다. 그러나 그런 생각은 크나큰 착각이다. 자식은 그저 내 배를 빌어 태어난 타인이라고 생각하면 좋다. 자식을 타자화시키면 존중하고 배려하고 이해하고 인정하게 되고, 어느새 관계가 달라진다.

엄마와 딸의 사랑은
대를 이어 꽃을 피운다

내 딸, 민경이는 어렸을 때부터 노래에 소질이 있었고, 노래 부르는 것을 좋아했다. 주위에서는 노래학원을 보내라는 둥 미리 진로를 정해 교육을 시키라는 둥 말이 많았지만 나는 딸이 스스로 원할 때까지 아무것도 강요하고 싶지 않았다.

딸은 조금 더 크자 자신도 노래를 하고 싶다고 했고, 그제야 소리꾼 선생님께 딸을 맡겼다. 그밖에도 되도록 딸이 하고 싶다는 것은 들어주려고 노력하는 편이다. 엄하게 키우기는 했지만, 무엇을 하라거나 하지 말라는 강요는 하지 않았다.

내가 이런 방식으로 딸을 키운 것은 엄마가 나를 그렇게 키워주셨기 때문이다. 나는 하고 싶은 일이 있을 때 그것을 못하게 하면 상처를 입는 아이였다. 못하게 한다고 하지 않는 것도 아니었다. 숨어서라도 내가 하고 싶은 것을 해야만 속이 풀렸고, 엄마는 그런 나를 알기에 하지 말라는 소리를 한 번도 하지 않으셨다.

하루는 내가 꽃과 나무를 보러 등산을 다녀온다고 이야기를 했더니 "여자가 무슨 등산을 간다는 거냐."라며 아버지가 호되게 혼을 내셨다. 엄마는 방에 들어가 펑펑 울고 있는 나를 부르시더니 외갓집으로 심부름을 다녀오라는 것이 아닌가. 가뜩이나 기분이 안 좋았던 나는 심부름을 시키는 엄마가 원망스러웠다.

그런데 문을 닫고 집을 나왔더니 집 앞에 가방이 놓여 있었다. 내가 등산을 갈 때 메고 다니던 가방이었다. 뒤를 돌아보자 엄마가 날 보고 웃으셨다. 아버지에게 거짓말을 하시고는 가방을 꺼내놓으신 거였다. 가방 주머니에는 돈도 꽂혀 있었다. 가는 길에 뭐라도 사 먹으라는 엄마의 마음이었다.

엄마가 나를 그렇게 키워주셨기에 나도 내 딸을 자유롭게 키울 수 있었다. 하지만 억지로 시키지 않고, 또 못하게 말리지 않았다고 해서 방종하게 안하무인으로 키웠다는 의미는 아니다. 오히려 부모가 자신에게 가져준 믿음의 무게만큼, 선택한 일에 스스로 책임을 져야 한다는 것을 알기에 딸 민경이는 더욱 신중한 아이로 자라났다. 그리고 자신이 하고 싶은 일에 더욱 능동적으로 매달렸다.

소리에 이어 거문고까지 배우며 열심을 다하던 딸이 어느 순간부터 학교 다니는 것을 힘들어했다. 나는 스스로 생각을 정리할 때까지 아무런 이야기도 하지 않았다. 딸은 대학원까지 마친 뒤, 학교를 그만두고 패션을 배우고 싶다고 말했다. 나는 망설임 없이 그러라고 했다.

"대신 너 혼자서 공부해야 해. 엄마가 한복을 한다고 널 특별하게 도와주는 일은 없을 거야."

"그럼요, 당연하죠. 걱정 마세요, 엄마!"

딸은 패션으로 유명한 학교에 편입 신청을 했다. 패션을 배워

나의 딸 민경이는 한복과 드레스를 결합한 한국드레스를 만들고 있다. 혼자 힘으로
했기 때문에 더 열심히, 더 열정을 갖고 할 수 있었고, 오롯이 자기 실력이 되었다.

본 적 없었기에 밤을 새워가며 공부를 했고, 결국 합격했다. 그
후, 잠깐도 허투루 쓰는 시간 없이 패션 공부에 모든 것을 바쳤다.
지금 나의 딸 민경이는 한복과 드레스를 결합한 한국드레스를 만
들고 있다. 이제 막 시작했기에 잘한다고는 못하겠지만 나름대로
인정을 받으며 일을 하고 있다. 남들에게 딸이 하는 일에 대해 이
야기하면 다들 딸을 참 잘 가르쳤다고 얘기한다. 하지만 나는 딸
에게 한복에 대해 알려준 것이 없다. 딸이 스스로 찾아 배운 것이
다. 혼자 힘으로 했기 때문에 더 열심히, 더 열정을 갖고 할 수 있
었고, 오롯이 자기 실력이 되었다.

얼마 전에는 브라질 대통령이 주재하는 패션쇼에 딸이 참가한다는 소식을 들었다. 브라질에 한복이 아닌 한복과 드레스가 혼합된 새로운 패션을 선보이게 되다니…. 아직 나이도 어린 딸이 맡아서 하기에는 큰 행사였지만, 딸의 논문을 본 사람들이 추천해서 성사된 일이었다. 대통령의 남미 순방에 맞춰 진행된 행사에서 딸은 메인 쇼를 진행했다. 태어나 처음으로 민경이는 자신이 일을 리드하고 엄마를 스태프로 썼다. 그 동안은 엄마의 쇼에서 언제나 자신이 뒤에 있었는데, 이제는 본인이 주도하는 위치에 선 것이다.

나와 같이 패션쇼에 가면 민경이가 내 딸인 줄 아는 사람은 거의 없다. 밖에 나가면 누가 시키지도 않았는데 민경이는 나를 선생님이라고 불렀다. '엄마'라고 부르면 스스로도 흐트러지고 주변 사람들과의 관계가 어색해질 것 같다며 언젠가부터 그렇게 했다. 또 일로서는 선배이기에 선배 대우를 해주며 깍듯하게 대접하고 싶다는 것이다. 자신이 그러면 다른 사람들도 그렇게 할 것 같다면서. 일을 할 때는 나 역시 사심을 버렸고, 아이를 특별히 챙기지 않았다.

"엄마, 이번 일은 마치 엄마한테 선물을 한 기분이에요."

"응, 나도 그래. 아주 큰 선물을 받은 기분이야."

나 역시 뭔가를 열심히 준비해서 합격하거나, 상을 받으면 꼭 그게 엄마에게 드리는 선물 같다는 생각을 했다. 그리고 지금은 그때의 엄마 마음을 내가 느낀다.

딸이 다 자라나 제 목소리를 내는 어른이 되는 것 같아 대견하고 예쁘다. 내가 엄마의 사랑으로 삶을 아름답게 가꿔왔듯이 우리 딸도 그러기를 바랄 뿐이다.

김혜순의 한가지 생각

도올 김용옥

연기자 이하늬 파리 화보

KBS 드라마 '황진이' 의상 제작

'기생'展

'왕의 복식'展

'저고리 600년 변천사'展

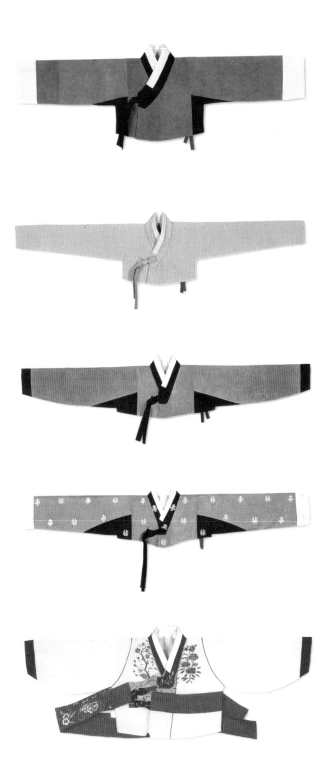

FENDI 바게트 백 컬래버레이션

연기자 오정해 화보

'조선의 왕 뉴욕에 가다' 패션쇼

'선과 색의 거장' 헌정 패션쇼

내 하나의 소망,
한복을 세계에 알리는 일

내가 한복을 시작한 지 어언 30년이 훌쩍 지났다. 많은 이들이 오랜 경험과 지식을 누구한테 물려줄 것이냐고 묻지만 사실 나는 딱히 전수해줄 것이 없다. 누군가에게 내 경험을 가르친다는 것이 어찌 보면 우스운 일처럼 느껴지기도 한다. 내 경험과 지식이라는 것이, 실은 많은 이들이 모여 만들어내는 큰 물줄기의 한 조각에 지나지 않기 때문이다.

다만 앞으로 한복을 하게 되는 사람들이 알아줬으면 하는 것들은 있다. 사실 요즘에는 한복의 전통을 이어가기가 어려운 실정이다. 한복을 좋아하는 사람들이 점점 줄어들고 있는 데다 경기가 나빠지면서 한복을 맞추는 사람들도 크게 줄었다. 먹고사는 직업으로 한복을 만드는 사람이라면 현실적으로 한복의 전통까지 생각하기 어렵다. 그래서 언제부터인가 많은 사람들이 한복을 만들기보다는 장사를 하는 사람이 되어간다.

나는 이러한 현실이 참으로 안타깝다. 적어도 한복을 만드는 사람이라는 자긍심, 한복에 대한 정신의 고결함만은 가졌으면 좋겠는데 말이다. 한복을 만든다는 것은 대단히 가치 있는 일이다. 우리의 전통을 계승하는 아주 중요한 일이기 때문이다. 또한 한복을 잘 만드는 것만 신경 쓰지 말고 한복의 역사와 이론에 대해서도 고민해봤으면 좋겠다. 한복을 제대로 계승하고 발전시키려면 손뿐 아니라 머리와 눈, 정신도 함께 움직여야 한다.

그리고 한 가지 소망이 있다. 한복을 유네스코 세계문화유산으로 만드는 것이다. 우리의 옷은 단지 한 나라의 복식으로 치부하기엔 긴 역사와 문화를 담은 살아있는 유산이기에 그 가치를 인정받게 하고 싶다. 한복이 살아있는 문화유산으로 등재되도록 하는 것, 내가 가진 역량과 에너지를 이 한 가지를 위해 모으려 한다.

얼마 전 국제 교육포럼에 참가했다가 우리 한복가게에 들르셨던 유네스코 대사님을 만났다. 지금은 프랑스에 살고 계신 스리랑카 출신의 담마라따나 대사님은 한국에 관심이 많으셨는데, 이야기를 나누던 도중 의미심장한 말씀을 하셨다.

"한국 사람들은 왜 이렇게 욕심이 없어요."라는 말이었다.

내가 의아한 표정을 짓자 자세한 이야기를 들려주셨다. 일본의 경우 자신들의 전통 의상인 기모노를 일찍부터 세계문화유산으로 등재시켰다는 것이다. 그런데 왜 한국 사람들은 한복을 세계문화유산으로 등재시킬 노력을 하지 않느냐는 이야기였다.

"한국은 변화해가는 세상에 굉장히 빠르게 대응하고 신속하게 발전하는 나라입니다. 그런데 정작 중요한 자신들의 역사와 자랑스러운 문화를 알리고 싶은 욕심은 없어 보여요."

대사님의 이야기를 듣고 한없이 부끄러웠다.

"대사님, 실은 제가 한복을 유네스코에 등재시키기 위해 3년 전부터 노력을 하고 있어요."

"그러세요? 그럼 왜 좀 더 서두르지 않으세요? 지금 접수를 한다 해도 등재까지는 빨라야 3년, 보통은 5년 이상이 걸린답니다."

유네스코 문화유산으로 등재가 되려면 45개국의 승인이 있어야 하는데 만약 원한다면 자신이 나서서 승인을 받을 수 있도록 도와주겠다는 것이다. 또 접수 후에 유네스코에서 한복 쇼를 열 수 있는 장을 만들어주겠다고도 하셨다.

대사님과의 대화가 머릿속에서 떠나질 않았다. 나는 오래 전부터 한복을 유네스코 세계문화유산으로 등재시키고 싶다는 생각을 갖고 있었다. 단순히 애국심만으로 그런 생각을 품은 것은 아니다. 한복이 세계에서 찾아보기 힘든 패턴의 복식이기 때문이

다. 세계무대에 나가서 패션쇼를 하고 또 다른 나라의 패션쇼를
관람하면서 한복이 다른 나라의 옷과 확연히 다른 고유성을 갖고
있다는 확신이 들었다. 그리고 서양 사람들, 특히 패션에 종사하
는 사람들은 누구나 한복의 특수성과 아름다움에 찬사를 보냈다.

그러나 혼자서 무엇을, 어떻게 해야 할지 몰랐다. 그러다 3년
전, 한복 유네스코 등재 발주단에게서 연락이 왔다. 나와 같은 생
각을 하는 분들이 계시다는 사실에 가슴이 뭉클했다. 나는 그분
들과 함께 자료를 수집하고 방법을 강구했지만 우리의 힘만으로
한복을 유네스코 문화유산으로 등재시킬 수는 없었다. 준비하는
데에 상당한 노력과 자본이 들기 때문이다. 국가나 대기업의 도
움이 절실히 필요했지만 세상은 우리의 뜻을 알아주지 않았다.

그렇게 3년이라는 시간이 흘렀다. 대사님의 말처럼 유네스코
세계문화유산 등재를 위해 속도를 내야 할 때라는 생각이 든다.
속도를 내야 할 다른 이유도 있다. 중국에서 연변의 한복을 유네
스코에 등재시키려고 부단히 노력 중이기 때문이다. 우리 입장에
서는 황당하고 어이없게 느껴지지만 사실 조금 더 자세히 들여다
보면 이는 우리가 부끄러워해야 할 일이다.

연변의 조선족들은 일상에서도 한복을 자주 입는다. 연변의 식
당가에서 서빙하는 종업원들도 모두 한복을 입고 있다. 그들에게
는 한복이 자기들의 옷인 것이다. 반면 우리나라 사람들에게, 특

히 젊은 사람들에게 한복은 불편하고 어색한 옷이다. 시간이 지
날수록 한복에 대한 우리의 정통성은 약해지고 오히려 연변의 정
통성이 강해질 것이란 불안함이 나를 재촉했다.

앞으로도 한복을 유네스코 세계문화유산으로 등재시키려는
노력은 계속될 것이다. 쉽지 않은 일이지만, 다행스럽게도 국가
에서 한복에 대해 지속적인 관심을 보여주고 있다. 우리의 뜻에
공감하고 힘을 보태주는 사람들도 늘고 있다. 앞으로 조금만 더
힘을 내 우리 한복이 세계에서 인정받는 것, 그것이 마지막 남은
내 하나의 소원이자 꿈이다.

한 가지 생각

1판 1쇄 인쇄 2015년 11월 20일
1판 1쇄 발행 2015년 11월 24일

지은이 김혜순

발행인 양원석
편집장 김건희
책임편집 송현주
디자인 RHK 디자인연구소 남미현, 김미선
제작 문태일
영업마케팅 이영인, 김민수, 장현기, 정미진, 이선미, 김수연, 김은유

펴낸 곳 ㈜알에이치코리아
주소 서울시 금천구 가산디지털2로 53, 20층(가산동, 한라시그마밸리)
편집문의 02-6443-8902   **구입문의** 02-6443-8838
홈페이지 http://rhk.co.kr
등록 2004년 1월 15일 제2-3726호

ISBN 978-89-255-5788-5 (03320)